JN418861

뒤꿈치 자서전

뒤꿈치 자서전

정순옥 시집

문학의전당

自序

오늘도
맨발로 쓴다
지도 한 장 없는
붉은 항해 일지를

어제의 굽은 뒷등과
오늘의 덥고 시린 입김이
내일의 푸른 지도 위에

방점으로 콕콕 찍혀질 수 있기를…

2008년 겨울에
정순옥

차례

1부 쪽의 얼굴들

2부 관계

3부 길의 얼굴들

4부 남자의 길, 여자의 길

1부 ··· 쪽의 얼굴들

못 쓰다
—쪽 1

처음부터 그런 건 아니었다
달빛 아래서는 모퉁이 뒤에서는
제법 쾅쾅 발길질도 해봤다

불끈 주먹 쥐고 배도 내밀어 보았고
확 치켜뜨고 눈도 부라려 보았고
바닥에 뒹굴며 생떼를 부린 적도 있었건만
쪽문 걸어 잠그고 못 들은 척 버티기도 했다가
가늘고 흰 그 손끝 부여잡고 애원도 해보았건만

그러나 오늘 쪽도 못 썼다
들이대는 땅주인의 퇴거명령서 앞에서는
점령군 소나기 구둣발로
노란 차압딱지 붙여대는 네 손아귀 앞에서는
싸던 보따리마저 제풀에 뭉개지고
놓쳐버린 제 손 환한 어둠이다

비틀거리며 피 흘리던 시간의
맨 이마
겨울로 붉다

있기는 있는 거냐
–쪽 2

옛다 지발 이거라도 갖고 실컷 나갔다 오라 마, 허구헌 날 그 놈의 청소기에 설거지 좀 집어치고! 으이구 그 꼬락서니 하고는 사내 자슥이 그리 매가리가 없기는 지가 뭐가 못 나서, 못 배우기를 했어 못 생기기를 했어 집안이 못 나기를 했나 자슥 눔이 없기를 해, 뭐 그런다고 힘을 못 쓰기를 해 아이구 이눔아 이 줘일 눔아…

'사오정' 도 못 보고 '오륙도' 도 못 가보고 집안에 들어앉은 지 삼 년째 행여 밤길 무서울까 끝나는 시간에 데리러 갔다가 그 식당 옆엔 얼씬도 말라는 마누라의 쌩쌩 칼바람 칼바람소리 김장 김치 갖고 올라온 어머니 눈 피해 청소기만 돌려대는 서른아홉 붉은 발치에

만 원짜리 지폐 두 장
무너지는 초록하늘이다

팔린다 팔려
–쪽 3

아 지금부터 우리 동창의 자랑이며 대성인력그룹의 회장이신 덕만이가 한 말씀허시겄습니다요 이번에 동창회 후원금도 겁나게 많이 내부렀당께요, 자 우레 박수박수…

쿡쿡 시험 시간이면 매번 내 등허리를 찔러대던 그놈, 학교 하나 조용히 못 다녀서 즈그 아부지 때 묻은 고무신과 녹슨 자전거 바큇살에서 겨우 건진 고등학교 졸업장, 그놈만 왔다 가면 하나씩 없어지는 가재도구나 돼지 소를 판 돈, 으이구 넘살시러워 지발 집에 오지 마라 하고 등짝을 후려치던 즈그 어머니 손에 슬리퍼짝 찍찍 끌고 똥개처럼 도망가던 그놈

–야, 니는 뭔 놈의 공부를 시방까지 허고 있다냐 인자 취직을 해야제 취직, 너 갈 데 없으면 우리 회사 댕길래? 말래?

쪽을 찌다
–쪽 4

1.

이것이 그것이여, 느그 아부지가 첨으로 사다 준 것 말여, 만주 간 지 한 이태나 됐을랑가 아침 절에 대문을 들어서긴 들어섰는디 내동 느그 한아씨나 작은 아부지랑만 큰방에서 뭐라고 뭐라고 했싸드만, 저녁 묵고 치우고 아랫방에 건너와서 잘라고 허는디 글씨 그때사 와서 아무 말도 안 허고 반짇고리 앞에다 이것을 훅 던지는 것이여, 데구르르 굴러강께 느그 큰언니가 얼릉 집어서 무조건 입안에 쑤셔 넣드라, 그때 갸가 아마 뽀작뽀작 기어댕기긴 했제?

팔순 노모의 손에서 끌려나오는
들기름 멕인 종이에 눌려
파르르 떨고 있는
검회색 은비녀 하나

2.

열아홉 그땐 몰랐었단다 지 몸이 낭창낭창 꽃인 줄도 봄 햇살인 줄도, 조심조심 내딛는 물동이 발걸음 뒤에 건넛마을 아낙 하나 뒤따라 온 줄도 몰랐었고, 다음 날 또 그 집 아들 왕눈

이 물동이를 따라 앞거리 시암에서 정지문턱까지 따라온 줄도 몰랐었고

그게 전부였단다, 그 물동이 이고 가는 뒤태만 보고 어른들끼리 날 잡아 서당집 맏며느리로 쪽을 찐 게, 가난한 살림살이에 그 많은 제사와 무시로 드나드는 식객에 마음 갈기 머릿단 단단히 비끌어 매고 징용 피해 만주 간 이를 몇 년씩 몇 년씩 기다리게 되었던 게

종갓집에 내리 딸만 다섯 낳고도 누가 뭐라 한마디 안 하는 것이 더 어려워 나를 낳고 딱 사흘 만에 베틀에 올라앉았었다는, 그래서 그 아래로 아들 하나 낳고 '이제 내가 이 집 귀신 혀도 좋겄다' 생각했는데 그놈이 애기였을 때부터 자꾸 아파서 아들 하날 더 낳는다는 게 또 딸이었다는

아직은 아무 말도 안 하신다 어머니는
그것을 만나는 순간
그것이 뒤꼭지에 빗금을 긋는 순간
내가 나를 내 울 안에 한 평생
묶어둬야 했다는 것을

외포리 주민들 생활 현장에 관한 한 프레젠테이션
—쪽 5

1. 새우만 먹고 깡은 확 버리죠

어머머! 눈치채셨군요 좋은 곳에 태어나 고생 모르고 자랐지요 부잣집 무남독녀였냐구요? 호호 터가 좋고 뼈대 있는 집안에 뭐 환경이 좀 나았다고나 할까요.

어휴! 땡볕엔 왜 나가요? 아, 이 땀 냄새, 우린 원래 땀을 싫어하는 체질이거든요 우린 말예요 그냥 쉬다가 심심하면 한 바퀴 빙 돌아보는데, 어찌나 아랫것들이 아양을 떨어대는지, 저마다 뱃전에 나와 손 흔들며 새우깡을 봉지째 바쳐대니 원, 고것들 맘 상할까 봐 우린 잠시 입만 벌려주면 되죠 뭐

그래서 이렇게 뽀얗고 예쁘군요, 어머 뭘요 제 탱탱한 몸매 유지하려면 이제 썬텐이나 좀 해야겠어요, 호호 몸매 유지 비결이 뭐냐구요? 별 다른 게 있나요 그냥 삶을 릴렉스 릴렉스하게…

근데 아무 거나 다 받아 먹냐고요? 어머 무슨 말씀, 친환경 제품에 영양식으로만 골라먹어요 그러니까 새우만 먹고 깡은 확 버리죠, 우린 깡 같은 건 필요 없거든요 호호호

2. 아직도 오수 중이에요?

하아! 자알 잤다, 역시 여름엔 잠이 최고라니까 그러네, 얼라! 형님이 어디 여름뿐이었어요 맨날 잠만 자면서 칫, 그래

니는 안 자고 그렇게 싸돌아 댕기더니 쥐새끼 몇 마리나 잡았냐? 어디어디? 아이구 야는 몰러도 아직 한참을 몰러요 아, 조상님이든 동네든 줄만 잘 서 봐, 이렇게 가만히 있다가 저 횟상 물러나올 때쯤 이쪽으로만 와 봐, 서두를 필요도 없어요 천천히 아주 낭만적인 걸음으로 말야, 그러면 여기 아주 널려 있어요 널려 있어, 주인이 쫓아내냐구? 야야, 그런 걱정은 허덜덜 말아라 우리들 볼 새가 워디 있냐고, 한 달째 항생제로 버텨준 고긴데 싱싱해서 맛있었다고 인사하는 손님 카드를 받아 웃음살까지 얹어 긁느라고 야야…

3. 화장실만 갔다 바로 오세요

네, 지금까지 잘 들으셨죠? 고기 안 잡고도 몸매 탱탱 유지 여유 있는 생활의 소유자 갈매기 집안과, 횟집 수돗가에서 오늘도 꿈을 찾아 방랑하는 낭만파 고양이, 반짝이는 삶의 이야기는 남의 것만이 아니라니까요

바로 여러분도 오늘부터 그 주인공이 될 수 있습니다. 자, 그럼 잠깐 휴식 시간을 갖겠습니다. 화장실만 갔다 바로 오세요. 곧바로 이어지는 2부를 기대하세요

외포리 446-7번지에 사는 김새네 씨의 재미난 농사이야기가 지금 이 순간 바로 여러분을 기다리고 있으니까요

낙법 읽기

– '6차 세계무역기구(WTO) 각료회의 반대하는 한국농민시위에 혀내두른 세계 언론'

–쪽 6

여인의 입술선을 닮은
홍콩 컨벤션센터 앞 바다에
절벽가슴 내던져
온몸 불화살로 내리꽂히는
붉은 꽃잎 꽃잎들

최소한의 생존을 위한 밥상머리에
뜨거운 입김이
얼음 눈밥으로
희끗희끗 흩날리는 아침

부드러운 뿔
–쪽 7

들이치는 빗발에 베란다 창문을 닫으려다
발바닥이 물컹하여 확 벗어 던진다

민달팽이!
저 혼자 유유자적이다
내 간담 서늘케 해 놓고
아무 일도 없었다는 듯
흔한 덮개 하나 없이 알몸으로도
두꺼운 발바닥을 확 밀쳐내고는

부드러운 네 놈 뿔에 받혀
밤새 잠을 설쳤다

'화려한 휴가*' 를 보고 온 날 밤이었다

*화려한 휴가 : 광주민주화 항쟁을 소재로 한 영화

밥숟가락에서 별이 뜨는 시간

땡! 엘리베이터 문이 열리자
반파자마바람 19층 할아버지
세 발로 터벅터벅 바닥에 빗금을 그으며 간다
낌새 없는 경비실 창문을 툭툭 건드리자
졸고 있던 경비 모자 꾸벅 일어서더니
굽은 뒷등에 대고 거푸거푸 하품을 날린다

화단 옆을 돌아서자
층층에서 내려온 시간의 뒷덜미들이
다발다발 묶여지고 있다
키 작은 경비아저씨의 쭈글쭈글 손아귀에서
신문지는 신문지대로 플라스틱은 플라스틱대로
빈병이나 깨진 화분들 지들끼리 붙들고 매달리며
픽픽 쓰러지며 모로 눕는다
비닐 끈과 포대 자루에 제 목을 내밀고

음식물 수거함과 쓰레기통 사이로 난 샛길
저만치 나무의자 귀퉁이에
풀어지다 만 노을이 마취된 환자처럼 널려있다
의자에 엉덩이를 반만 걸친 채

생떼를 쓰는 손자 녀석 코앞에서
오르락내리락 춤을 추는 밥숟가락
그 위에서 할머니 머리칼보다 반짝이는
은스푼 저녁별이 뜨고 있다

게놈지도 배달 준비 중

풍경은 늘 그런 식의 세포분열을 일으키고 있었다, 누군가 후 하고 뿜어낸 작은 소리의 후폭풍이 불 뿐, 최초의 유전자는 분명치 않은 채 입술 닿는 곳마다 눈길 머무는 곳마다 세포가 증식되고 있다 거기에선 또 다른 이국 변종이 생겨나고, 그 변종들 영락없이 날개를 달고 경계를 무너뜨리며 온몸 들쑤시고 다닌다

변종세포가 자라는 사이 사람들의 눈과 귀는 거기에 빨대를 꽂고 턱없이 고전적인 '더불어 삶' 의 흡인력을 실험 중이다, 커튼 없는 그 실험실에서는 꼭 누군가 발 빠른 중간 보고서를 함부로 퍼 나르고, 정리도 안 된 설익은 고 낱자들 앞에서는 정지화면의 사유나 늙은이의 걸음도 보지 못한 채 턱없이 쓰러지는 한 생이 있다

애초부터 촉수가 잘 드러나지 않던 그 게놈지도는
이미 부러진 생의 뒤편에서나 가느다란 울림통으로 잠시
'진실 배달 준비 중' 으로 깜빡거리다
그러다 말 뿐

진실은 진실로 배달되지 않는다

거리의 검은 인어는 붕어빵을 좋아해

뭉툭한 쉼표로 던져져 있다
백화점 후문에 인어 한 마리
못 푼 시험지에 내려앉은 꺼먼 그늘마냥
검정 고무로 치장한 하반신 지느러미
그 지느러미 지렛대 삼아
지나가는 발자국 족족 롱 샷으로 잡아보려 하지만
꿈의 줌렌즈는 뒤꿈치나 허리까지가 사정거리다

토요일 오후 연말연시 바겐세일
엄마 쇼핑백 사이로 씽긋 웃는 꼬마 녀석 손에서
베어 먹은 붕어빵 한쪽이 부끄럼타며 건네진다
휙 낚아채 가는 엄마의 손아귀를 빠져나와
다시 돌아다보며 찡긋 웃어 보이는
빨간 손가락장갑 하나
얼음저녁 이른 별로 반짝인다

길바닥이 몸통이 되고
그 몸 다시 스스로 길이 되는
거리의 검은 인어 앞에서

간다간다 유정의 봄 봄

여그사는겨?첨보는색신디,원제부터살았댜,토옹못본얼굴인디,시방거기도씨레기비우로가는겨?아이구뭔놈의음식물씨레기가그렇게많댜,워메아까와죽겄네

땡! 19층과 7층 사이
숨 가쁜 공기 단숨에 몰아내려
1층 바닥에 부려놓는다

아이고,여그좀봐바,시방이것이화살나문디워치께여그까지왔댜,고것들새순좀봐,워메!요렇게이쁜건내팔십평생첨이여,여그동백꽃도있고,거어기거그그것이시방좁쌀나무랑께,어이샤시,그러믄저어그뒤쪽에오리나무도볼텨…

커다란 플라스틱 통 뚜껑을 열고
터엉 텅!
적당히 부패한 나를 털어 붓는 동안에도
계속계속 뒤통수를 때려대는 소리소리

19층에서 7층 7층에서 1층 바닥으로, 바닥에서 경비실 앞 화단으로 다시 앞 동 화단으로, 훌쩍 건너 뛰어 저만치 옆 단지

샛길 듬성듬성 오리나무 가지를 더듬는 손가락 끝에서 자글자글

끓어오르는 봄 햇빛이
할머니의 회색 털스웨터 보푸라기에
반짝 매달리다 주르르
눈물방울로 미끄러져 내리는
화안한 봄날 오후

축! 레미콘주식회사

한 몸이 되고 싶다

네가 먼저 주면 나도 다 준다니까 왜 그래

허리춤을 지나 벌써 지퍼에 가 닿는
저 우람한 손
아직 크기와 모양새를 알 수 없는
저 속의 물컹한 그것

섞어야돼말아야돼암,줄건주고받을건받아야지안그래,그럼언제어디서무엇을어떻게주고받지,어디끝내주는거없나단방에까무라쳐죽여주는거뭐없나,앞에서질러볼까뒤를내어줄까그러다안서면어쩌지뒤에서밀고오면어쩌지,낮은놈은올려놓고높은놈을깔아뭉개야해고민고민헉헉,헉헉대는사이

턱! 벌써 침대 위에 올라온 군홧발
한 · 미 F T A
밥상까지

어디 소리치고 밀쳐내 볼 새도 없이

뱅글뱅글 돌려서 침 질질 흘리고 있는
반쯤 내려간 바지춤 아래 거시기
저 거대한 U · S · A 소시지
레미콘

18평 넓은 집에

그것 때문이라고 했다
큭, 크윽 큭
언 창틀 자꾸 뒤틀리게 하는
반지하방 남편의 밭은기침소리 때문에

그걸 주고 싶어서라 했다
언제 빳빳이 기 한 번 세워보지 못한
누글누글 빨랫감에게 다만
짱짱한 햇볕 한 줌 주고 싶어서

한 번 훔쳐보고 싶어서라 했다
열여섯 딸에게 첨으로 제 방 하나 내어주고
밤늦게 슬그머니 방문 열어 책상 앞에 앉아있는
달디 단 그런 뒤통수 보고 싶어서

부동산 아저씨를 따라가는 담장은 왜 이리 길어
하, 겨울 속 서둘러 핀 개나리 몇 송이
몰래 따 속주머니에 넣고
딸네미 방 커튼은 꼭 이 색 꽃무늬로 하리라

단숨에 올라간 주공아파트 꼭대기 층
18평 넓은 집에 넣을 가구들 여기저기 눈 배치해 본다
갑자기 불러진 배
잘도 열리는 엘리베이터 숫자를 누르려는데
덜컥!
가방 속 대출 통장 숫자들이 일어나
사방에서 머리끄댕이를 잡아당기며

(18 씨팔 시바럴 씨부럴…)

나도 좀 바까 줘 보랑께

오늘도 불빛이 꺼져 있다 어머니의 손 전화는, 저녁에 집으로 해야지 해야지 하다가 며칠이 훌쩍 지나버리고 다시 수화기를 들고 보면 벌써 주무실 시간이 되곤 하여 다시 내려놓곤 했는데

할 수 없이 그 시장통 닭집 이십여 년 전 번호를 찾아찾아 노인정으로 배달을 시켰는데 할매들이 잡수시기 좋게 튀겨서, 음료수도 몇 병 넣고 옆집 슈퍼에서 귤도 좀 사주시라 했는데

–아이, 니 돈 많이 써서 어쩔끄나 아이구 애기들 키울라면 돈도 벨로 없을틴디, 근디 여그 할매들이 겁나게 잘 묵었다고 그랬싼다야 니 덕분에 내가 겁나게 치사를 받아부렀다야, 엄마 전화는 어떻게 했어요 응 여그 젊은 할매가 번호를 눌러줬제. 엄마 근데 전화 좀 꺼놓지 마세요 제발, 그래? 난 꺼진지 어쩐지도 모른당께 눈이 잘 안 뵈서

–(어이 나도 좀 바까 줘 봐 참말로) 거그가 시방 서당집 다섯째 딸이요? 맹이네 어매여 나 잘 알제? 워메 그 집이 보내준 것 묵고 시방 우리는 배불러서 낮에 밥도 안 묵었소 겁나 애썼소

–(예 나도 좀 바까 줘 보랑께) 어이, 거그가 전주로 시집간 딸 맞제? 어치게 그렇게 여그 할매들 생각을 혔디야, 난 종철이 어매여, 자네 어메는 걱정허덜 말소 여든이면 아직 젊디젊어

옆에 우리 할매들도 겁나 많응께 뭔 일이 난다 혀도

–(어이 나도 잘 묵었다고 말 좀 해 주소 잉. 나도 여그 내 말도 좀…)

– 느그는 모다 건강허제? 내 걱정은 통 말고 요샌 혈압도 괜찮고 방도 따숩고 날마다 노인정에서 점심은 얼매나 맛나게 먹는다고 나는 호강이다야 호강…

전화선을 타고 뚝뚝 끊어지며
고향산천을 건너오는 말 말 말
폭죽으로 터지는 말의 물꼬 앞에
자꾸자꾸 도망가고 싶은
내 귓불의
저린 게걸음 게걸음을

시든 꽃
–내가 나를 문상하다

내가 죽었단다
특실 2호, 고인 '정 · 순 · 옥'

하필 어버이날을 하루 앞두고 어머님이 가셨다는 젖은 문자를 받고 달려간 강화 장례식장 현관, 터억! 검은 문자로 박힌 내 명패가 나를 기다리고 있다 함께 간 사람들의 어색한 미소가 갈 곳을 헤맨다 지하로 향하는 계단이 자꾸 흔들린다

한 번도 뵌 적 없는
화환의 메모로 늘어선 그의 80생 앞에
은박지로 아랫도리만 가린 한 송이 나를
하얗게 표백된 나를 올리며
나에게 절을 한다 돌아서서 공손히 맞절도 한다

벌써 준비되어 있는 상 귀퉁이에 엉거주춤
일회용 상 덮개에 일회용 접시 위
메뉴는 온통 현기증뿐인데
등 뒤에선 사진 속 웃고 있는 나의 꽃이
일회용으로 시들고 있다

2부 관계

지금은 갈참나무 숲으로 갈 참이다

솔잎 뾰족한 내 사랑 거두어 어두워가는 그대 눈 틔울 수 있다면 구부정한 그대 등뼈 일으켜 세울 수 있다면, 직선으로만 내달리던 내 푸른 역사를 바꾸어 너른 잎새 손차양 넉넉한 갈참나무가 되리라, 네 하늘 숲 속으로 기꺼이 가리라 수액 진한 갈참나무가 되어

세상의 잡것들을 위하여

기냥 둬라 잉 우리덜이라고 별거 있다냐, 갸들도 다 살아보것다고 나온 것 아니것냐, 엄마 이건 잡초잖아요 너저분 보기 싫은데, 야아는 시방 고것들 땜시 이쁜 꽃도 눈에 띄제 즈그덜이 다 꽃만 허것다고 해봐라 그게 워디 꽃으로 보인다냐?

두어 평 남짓 엄마 홀로 화단에서
잡초를 뽑아내려는 내 손을 확 잡아채는
팔순 어머니의 햇살 손사래

저만치 담벼락 초록그늘이
키득키득 눈웃음 짓고 있다
어느새 세상의 잡것으로 내려앉고 있는
나의 옆모습을 바라보며

9월의 끝

꼬리 끝까지 힘 준 밀잠자리 마지막 날갯짓에
한 귀 꺾인 햇살은 절전모드로 전환된다
이파리의 푸른 실핏줄 사이를 자금자금 건너가는
저 가을의 희고 가벼운 발걸음을 보거라

그 소리 없는 걸음걸이에 화들짝 놀란 감알들이
푸른 생떼를 접고 허공좌선
지상으로 투신을 준비한다

적과의 동침

있는 둥 마는 둥 안보이더니 발길 뒤에서만 비실비실 비비대더니, 살짝 들어 올린 뒤꿈치 아래에서 재빠르게 비켜가던 고놈이 돌아보면 납작 엎드려 살살 기던 고놈이

오뉴월 장마철 아닌 땡볕에 잠깐 조는 사이 발꿈치에서 장딴지로 장딴지에서 허벅지로 훌쩍 장애물 넘어 꽉!

고놈의 개미 한 마리 내 거시기 물고 늘어진

당신의 맨발

그랬었지요 처음에는
두근두근 까치발로 다가서고
조급조급 토끼발로 뒤쫓아 가고
설레설레 버선발로 튕겨 나가고

그러다가 달라졌지요
무심무딘 곰발로 퍼질러 있거나
게발로 엉뚱생뚱 딴청을 피우거나
보일 듯 말 듯 참새발로 도망치거나
맨숭맨숭 맨발로 툭툭 건드리거나

그러나 지금
나 어떤 발등불을 켜야 하나
여러 달째 뒤꿈치 터진 알발의 당신 앞에
밤새 꼰두발 까치발로도 끝내 가 닿지 못하는데

어느 가족의 여름 이야기

'시워헌 단술 잇씀'
라면박스에 써 붙인
지리산 뱀사골 민박집 평상 위

할머니 할머니 단술이 뭐야?
아이구 내 새끼, 긍게 그것은 식혜라는 것이여
난중에 올 때는 이 할매가 꼭 맛있게 맹글어 주마

엄마 엄마 근데 술이 정말로 달아?
그으럼! 달고 말고
(늬 아빠 몰래 만난 그 남자와 마신 술…)
아빠 아빠 아빠도 단술 먹어봤어?
그럼 임마, 맛있고 말고지
정말 맛있어?
무울론! 이지
(햐! 우산 속에서 먹은 고 가시내의 달콤한 입술…)
형아 형아, 형도 술 먹어봤어?
그래 임마, 대~따 맛있어
(엄마가 상 치울 때 잔에 남은 것 쬐끔 마셔봤다니까)
엄마 엄마 그럼 나도 줘, 그 단술

나도 먹고 싶단 말야
(얌마 기다려, 너도 나처럼 일곱 살이나 돼야 먹지…)

저만치 산비탈에 졸고 있던 하늘말나리
허리 뚝뚝 꺾으며 까르르까르르

사람은 무엇으로 완성되나

쉬잇!
참석자 명단을 정렬하는 데서 훔쳐 본
알몸의 그 이름을, 쉿

칸칸 비어있던 표의 위쪽 칸에
한 놈 당당하게 어깨 들이밀고 오는데
바로 그 위에 올라서는 놈 하나 있다
세 개의 그 직함 제법 무겁다 했는데
어느새 더 긴 명함들로 어깨에 힘을 주며 들어와서
요놈 저놈 줄줄이 티격태격 이어지고 있다
쾅! 여섯 개 직함으로 짓밟아대는 구둣발
그 아래로 먼저 것들 다시 우르르 쏟아져 내린다

칸칸 마디마디 제 어깨방울 흔들어대며
올랐다가 지워지고 다시 올라서는 아우성
무채색 모니터는 휘청휘청 현기증 걸음 걷는다

밀려밀려 저 아래서 멈칫거리던 이름 하나
두 쪽 방울 기본조차 못 달고 나온 그가
'시인' 이라는 이름의 싸래기 하나가

툭! 떨어진다

정렬된 이름표의 싱긴 쳇구멍 밑으로
'기타 참석자' 명단에
괄호 옷을 서둘러 입고 있다

세상의 모든 것들은 이름표로 완성된다

하늘그물

(시간이 수직으로 일어서는 오전 11시 11분, 관모산 깔딱 고개 숨 찬 손으로 확! 나뭇가지 움켜잡았는데)

떡갈나무 두꺼운 잎자루 사이에서
무당거미 한 마리 몸을 열고
투명 살점 풀어 놓고 있다
그 옆 갈참나무에서는 탐라산왕거미가
쳐진 가지 사이를 오르락내리락 수직널뛰기 중이고
그 아래서는 맥문동 이파리 그늘 사이에
기생왕거미가 요리조리 그물치기에 한창이다
저만치 졸참나무 가지 사이에선 또
꼬리갈거미가 그 가는 배와 긴 다리로
낮게 수평의 그물을 치고 있다
신나무 그늘에서 가만 지켜보던 긴호랑거미
하! 재빨리 그 둥근 그물 위에
다시 지그재그 특이한 줄 풀어 단단 동여매며
비글비글 비웃음 날리고 있다

지나는 등산객 호주머니 라디오에서는
–이제 몇 시간 후면 야당 후보 경선 최종 승자가 누구인지

알 수 있을 것 같죠?

—네, 경선 막바지까지 양 진영에 줄을 섰던 사람거미들도 이제 희비가 엇갈리며 절벽을 뛰어내리겠죠?

늦여름 한낮이 온통 하늘그물로 출렁이고 있다

꼬타리만 따고 묵어라

–이것도 좋아 허자? 벨라 안 좋다만 농약 안 헌 것잉께 이거 맏물 고춘디, 두어 번은 담아 묵을 것잉께, 엄마 알았으니까 여기 그냥 앉아서 이야기나 해요

1.

집안은 온통 꽃 잔치다, 놀 것 다 놀고 들릴 곳 다 들린 뒤 휴가 마지막 날에야 상가에 눈도장 찍듯 들렀더니 마루 끝에 해바라기로 앉아계신 엄마, 발자국 드문 마당엔 온통 채송화들이 고개 쳐들고 있다 한낮이 가까워오는데도 꽃 입 아직 덜 닫고

저녁에 다시 올라가야 한다는 말에 엄마는 벌써부터 발바닥 달구고 있다 고방으로 갔다가 다시 뒤안으로 장꽝으로

2.

뉴스는 끝났다, 제가 가장 적격입니다 새 시대를 이끌어갈 진정한 후보는, 고의가 아니었습니다 다만 학력 기재가 잘못된 것을 그냥 뒀을 뿐

그리고 토크쇼가 시작되었다, 아 질문에 오, 엑스로만 답해 주세요, 여기는 진실게임이니까 뭘 그까짓 걸로 얼굴까지 빨개지고 그러세요

프로가 다 끝날 때까지 진실은 도착하지 않았다

3.
검은 비닐 봉다리를 연다
구석에 뒹굴고 있던 그것

엄마 이거 어떻게 다듬어요?
잉, 그거 꼬타리만 따고 묵어라
어디까지가 꼬타린데요?
그거야 니가 보면 다 알 것 아니여!

그날 밤 내내 봉다리 것은
하나도 다듬지 못했다

'아무도' 와 '누구도' 사이 세상은 없다

할 일 빼곡히 늘어선 목록 위에
눈 질끈 감고 찍은 방점 하나를 쥐고
서둘러 나갔다

옆에 그림이라도 하나 걸지
그 아래 화분이라도 하나 놓든지
몇 번째 두런두런 푸념을 받아든 벽시계는
물끄러미時를 건너 이제 괜시리時를 돌아
괘 · 엔 · 히로 분침이 바뀌고 있을 때
초침의 그가 들어왔다

어, 아무도 없네!
(응, 나 왔잖아)
으응, 누구도 안 오고 누구도 안 보이고
야, 누구누구는?
뒨전뒨전 서성대는 그의 눈길을
문 쪽으로 확 낚아채는 소리
야, 아무도 안 왔잖아!

'아무도' 와 '누구도'

그들은 도대체 어디 있나 언제 오나
없는 그 속에서
나도 그의 아무도와 누구도가
되고 싶다

대못 찾기

혹시 알아? 숨겨진 대못이 있을지
분명 몇 개쯤은 있을 거야
못을 하나도 쓰지 않고 짜 맞추었다는
'태액도 없는!' 그 법당 앞에서
더듬더듬 찾고 있다 눈 송곳 콕콕 찍어가며
닷집의 촘촘 경전갈피 그 어디쯤이나
바람 문창살의 관절 마디마디 그 어디에든
꼭 숨겨져 있을 것만 같은 익명의 그를

조각과 조각, 창살과 창살 사이 저 연약한 것들이
강철못은커녕 대못도 하나 없이
뒤틀리지 않고 몇백 년을
장좌불와長座不臥로 견디다니

지난 밤 솟구친 그의 말들이 철심으로 만져진 뒤
그걸 뽑기 위해 그를 다시 용서하기 위해
적어도 창살 어딘가 숨어있을
대못을 꼭 찾아내야 한다

오후의 햇살에 등짝 땀줄기는 굵어지는데

눈에 힘을 줄수록 눈 앞 법당은 점점 사라지고
내리꽂는 투명햇살에 펼쳐지는 시간의 문짝
그 창호지 칸칸 맨살 위에
드러나는 수많은 못대가리와 못의 상처들
그동안 누군가의 가슴에 무심코 박아댔던 대못들
그 대못들이 나의 몽타주를 들고
송곳눈으로 수배된 나를 찾고 있다

꿈틀사전 속에서 길을 묻다

1.

어디에도 없었다, 너는

죽어가는 거실 화분의 풀꽃을 뽑아내다가 쑤욱 솟구친 지렁이, 지렁이 한 마리에 혼비백산 도망쳤다 정신 차리고 돌아와 보니 이미 어딘가로 사라지고 없었다

2.

그런데 그때부터 네가 왔다 거실이 살아나고 흔적 없던 시간이 눈뜨기 시작했다 바닥도 벽도 TV도 오디오도 소파도 시퍼렇게 눈을 뜨고 덤벼든다. 휴대폰에 저장되지 못했던 해묵은 수첩 속 전화번호가 웅웅거리기 시작하고, 지치고 힘들어서 이승을 하직하고 싶다던 그의 가당찮은 문자에 보낸 '웃기지 마라' 는 짧은 답신도 불을 켜든다 외연과 내포의 경계를 숨긴 채 묵묵히 길을 터주던 문과 문틀 바닥의 무표정한 두 줄 평행선도 문짝에 숨겨진 도르래도…

3.

모임 때마다 그저 눈인사로만 지나치던 어느 시인 그가 "이번에 그 작품 참 좋데요"라고 흘린 토막말 그 이후부터 비로소 꼬리뼈로 일어서는 그와의 관계처럼 그때부터 문득 주워들게

된 꿈틀사전, 그 속의 깨알 목록

거기에서 꿈틀, 꿈틀로 새파랗게 일어서는
환한 시간의 옆구리들

무명이불, 생의 바탕화면을 빛내다

장마가 잠시 물러선 일요일, 창고 속 진간장통을 비우다가 지난 어버이 날 즈음 내려가서 가져온 고추장이며 된장 단지까지 마저 정리하자고 냉장고 문까지 부산했다

내친 김에 여우볕 쬐러 켜켜이 쌓인 장롱 속 이불도 내다 넌다, 지난 계절의 보푸라기를 빤히 달고 있는 것들 속에서 이십몇 년 전 아버지 어깨에 매달렸던 이불 하나가 아직 가쁜 숨길 트고 있다

섬마을 선생으로 첫 발령 받은 딸을 놓아두고 읍내로 나가는 군내버스를 차마, 하루 두 번 지나다닌다는 그 버스를 영 타지 못하고 그냥 보내버리던 아버지가 거기 서 계신다

"늑어메가 지덕밭에서 딴 미영솜으로 새로 했당께, 이것 덮고 자면서 여그서 그래도 어치께 한 번 버텨보긴 보것냐 아…"

60수 순면 핑크빛 침대커버 세트,
복을 부른다는 황금빛 차렵이불 사이에 숨어서
하늘색 삼베자리 에어컨 바람 그 속에서 아직
감은 눈 발자국 떼지 못하고 구겨진 채
빤히 올려다보고 있는
시간의 얼룩무늬 그물 한 점

내 삶의 바탕화면이
저녁노을로 깔린다

저기요! 강 깊은 저 강

– '반듯' 이란 이마의 문패를 슬쩍슬쩍 가려주는 몇 가닥의 머리카락과 지나는 그림자만으로도 회색 담벼락에 웃음꽃을 그려주던, 소리 없는 구두 뒤축만으로도 복도 끝 환하게 일어서게 하던 그, 엘리베이터 버튼 외에는 영 눈길 안 주던 초지일관 무표정 그 표정 한 번 잡으려 고개 들면 벌써 저만치 등짝만 내보이던 사람 그 사람

그는 늘 허기진 포만으로 지나친다
쌓인 눈 털어서
막 쳐내온 생솔가지 향기 같은

덥석 잡을 수 없는
고드름 투명 빙질감 같은 그
그가 오늘 "저기요! 이것 …"
짧게! 한 번 딱 한 번 건너왔는데

어느새 물줄기 확 일어서고 있는
샛강 그 강 물머리 닿기도 전에
급한 여울목 휘휘 돌아가는 심장 물소리
저기요 저기
금방 가 닿을 것 같은
저기요!
그 깊고 환한 강

봄밤엔 생의 안전벨트를 조여매세요

지친 오후를 산들산들 흔들어주는 버스 옆자리 지그시 감은 속눈썹 위로 밀잠자리 날개바람이 지나갔던가, 사분사분 소리에 귓바퀴 솜털이 잠시 이울었던가

기운 봄볕 몇 자락은 귀퉁이가 너덜거리는 시간의 어깨를 찔러대고 차창 밖 풍경들은 푸른 아우성으로 손짓하는데 빗장 지른 안전벨트의 전신 침묵을 살짝 놓아버릴까 그의 무릎 위에서 조곤대는 손가락들에 투명 그물 하나 던져보면 봄이 그냥 통째로 올라올까 어떨까 생각의 길모퉁이를 돌아서는 순간

찌이익! 급정거 앞 유리 자막에
'급차선 변경 불가, 봄밤엔 냉동보관하세요'
취급주의! 봄밤엔 난자정자
맘빛눈빛 모두모두

3부 · · 길의 얼굴들

보법步法에 관한 비망록

혹 들으셨는지요
내 안에 나를 내 머리칼까지 모두 가두고도
먼 길 돌지 않고 오늘 여기 다다를 수 있었다는
그 사람 얘기를요

보았는지요 혹시
저 혼자도 시간의 그물코 잘 꿰맬 줄 안다고
배 떠난 부둣가에 넉넉 퍼질러 앉아 있던
그 근육질의 사내를요

달리지 않고도 생의 바람뚜껑 열어젖힐 수 있는
바위 걸음의 보법을 전수받은 사람, 그 사람이
딱 소주 한 잔 값으로 동네 슈퍼에 내다 판
그 꼭두 비밀문서
그런 것도 있었다지요 아마?

근데 말예요,
뜨건 혓바늘 돋은 물음으로
온 밤 혈서를 쓰고 있는 그 비망록의
철없는 저자를 만나 보긴 하셨나요

손의 암각화

1.

알레그로 아래로아래로 더 아래로 더듬더듬 그 남자의 손가락이 스르르 미끄러진다 검은 절벽의 숲에 이르렀나 했는데, 어느새 카메라가 그녀의 전신을 롱샷으로 때린다 옆 좌석 남자의 풀려나가는 손아귀, 발등에 가만히 토해놓는 숨소리 가랑잎

달빛 궁궐 뒷담 아래 왕가의 그분이 내민 분홍빛 그 향낭을 차마 잡지 못하고 떨고 있는 도화서 그녀, 손등 위로 바람 한 줄기 출렁 나무그림자를 데리고 지나간다

뿌옇게 흩어지는 담배연기, 뭉뚝! 목쯤에서 잘려있는 그 남자의 오른손을 밀쳐내며 곁눈질도 없이 이미 판을 읽어버린다 깊게 패인 감청빛 드레스의 타짜, 그 붉은 매니큐어 아래서 그녀의 비탈가슴을 더듬고 있는 똥광 한 장의 파란

2.

–당장 그만 둬라 이잉 그 손모가지 분질러 불기 전에, 우리 형편에 그림은 무신 얼어 죽을 놈에 그림…

부득불 그림공부를 하고 싶다는 딸의 손목에 몽당 빗자루 들이댄다 애꿏은 검정고무신만 마룻장 밑으로 휙 던지시던 아버

지, 아버지의 갈퀴손 흑백 필름 앞에서

어느새 스크린은 '대한 늬우스' 의 빗줄기 주룩주룩 내리고 있다

꽃피는 언덕

1.
긍게, 시방 고 연탄 트럭을 찾은 겨?
그래서 오늘은 여그가 팍 쏴 부리는 겨?
아따, 고 괴기 맛 한번 징허게 맛있구만

저놈의 인간, 온다 간다 소식도 없다가 잊어 뿔만 허니께 나타나더니, 엊저녁에는 저 혼자 헉헉대다 만 주제에, 아이구! 고 알량한 고물 트럭 되찾았다고 뭔 놈의 객기는 객기여,

여직 이놈의 방까지도 못 넘어오고 문지방에서만 자올거리고 있는 저놈의 햇빛, 저 햇빛놈을 팍 잡아끌어다 허물어진 축대 등짐 지고 있는 저 방, 웬수 같은 저 방에 흐드러지게 핀 곰팡꽃 위로나 확 쏴 볼 것이지…

아, 장로님도 한 잔 허실라요? 좋은 일잉게 하나님도 용서해 주시것지라우, 아따 이 사람아, 장로님이 술을 마셔부면 안 되제. 안 그라요? 장로님?

분위기 모른 허장로님
슬금슬금 뒷짐 지고 올라와
저만치 앉으며 김씨 마누라에게 찡긋한다

뭐라 말 못 하고 어정쩡 웃어 보이는 그녀 뒤에서
주머니 속 비아그라 만지작거리며 저 혼자 비지땀을 흘리고 있다

2.
인제, 우리는 은행도 갈 일이 없겄어, 아, 어저께 전기세 8,800원 좀 낼라고 허니께, 아 창구에서는 안 받는다고 허드만, 자동이체를 하라나 뭐라나, 자동차 잘 굴리고 다니는 지들이나 자동으로 허는 것 좋아허제, 우리사 자동찬가 자동이첸가 그것이 뭣이당가

시키고 또 시키고
빈 막걸리 병 툭툭 넘어져 자진할 때
연탄 화덕에 불꽃 환히 피어오르고
오메 징헌 것! 자리 확 털고 일어서는 김씨 마누라 발길질에
누런 루드베키아 꽃 모가지 휙 문드러지고
총총 밤하늘별은
늦보리 밭 깜부기 꽃으로 그냥 쏟아져 내리고 있고

포장마차 천국 김밥에서

애당초 그게 아니었다
그의 뒤통수에다 함부로
꿈의 수레를 내어 놓는 게
실직한 삼 년 만에
주름 잡힌 시간의 바늘땀 촘촘 박아
완성한 희망의 이동건축

'큰 나무는 큰 그늘을 만든다' 는 진리 앞에 손 모으고
'김밥 천국' '이삭 샌드위치' '몽블랑 베이커리' 즐비한
빌딩 그늘 덕 좀 보려고 그 뒷등에
천국행 맛의 포연을 쏘아댄 지 넉 달째

말라가는 김밥권속들과 식어가는 밥풀가솔들 이마 안쓰러운지
어쩌다 빼꼼히 들어오는 눈 밝은 발길은
주차 요원 아주머니, 폐휴지 수레 할머니, 야채 트럭 아저씨
모두가 제 몸에 낮은 길 만들어 구부러진 시간을 끌고 다니는
다 눈 먼 내 밥들이다

내일은 누구의
옆구리를 확 움켜쥐어 볼거나
탁 정수리라도 내리쳐야 할거나
자정이 디밀고 들어오는 까마득 어둠수레 위에서
저 혼자 데워지지 못하고 있는
환한 은박지 김밥 한 줄을
뭉청뭉텅 하루치 내 목숨처럼 베어 먹으며

오늘의 맑은 페이지를 또 넘긴다
밥이 밥이 되지 못하고 섬으로 떠돌고 있는
아득한 열명의 길 위에서

말의 수렵시대

말발굽에는 늘 강력한 발화점이 숨어 있다
휙휙 지나는 곳마다 흙살 패이고 잔돌 튀어 올라
갈기보다 먼저 일어서는 바람으로
은둔을 모르는 유목의 역사가 발화된다
한 번 점화된 말발굽에서는
교미도 없이 함부로 새끼들이 태어나고
녀석들은 어미의 얼굴도 돌아보지 않은 채
저 혼자 잘도 달려간다
그놈 지나갔거나 쉬어갔다는 길도
어느 목초지에 다다랐다는
단 한 줄의 상형문자도 받은 적 없는데
픽픽 그놈 발길질에 튀어 오른 잔돌들만 점점 커지고
그 날아든 돌멩이에 피멍든 먹먹가슴들
답답종주먹으로 수없이 시동을 켜 보지만
최신형 네비게이션에서도 개정판 지도 그 어디에서도
찾을 수 없는 그놈
말의 행적
말들의 수렵, 수렵 지도를 찾는다

詩를 찾아서

네게로 가고 싶다
뿌리째 흔들리며

한순간 보여줄 섬광을 찾아
네 몸에 확 그어대는 부싯돌이 되고 싶다

그러나 안팎 창가마다 환한 등불 켜들어도
너를 만나는 찰나의 화석은 없고

온몸 쇄빙선으로 나아가도
돌아보면 어느새 지워지고 마는

극지의 바다
절망을 향해 나아가는
결빙의 길

하늘감옥

피라미 몇 마리
숨죽이고 있다
여름 대낮 방죽가
물풀 그늘 고요에 기대어

뛰어올라도 올라도
벗어날 수 없는 물
밖은 여전히 안 보이는
하늘감옥이다

동행

초파일 아침
마음의 때를 털어 보겠다고 나선 길에
길게 매단 절 입구 등들이
먼지를 이고 손짓한다
백숙집, 등나무집 처마 끝 숨소리
맞닿는 곳에 불심정사 기대고 있다

점심 공양엔
이웃집 처마 한쪽을 넣어 비벼먹고
저마다 발원하는 기원의 높이만큼
공양그릇 수돗가에 돌무덤으로 쌓여 있다
마당으로 내려온 목탁 소리에
잠시 숨 고르고 있는 설거지통
그 물속 하늘에 새 한 마리 쓰윽 줄을 긋자
울타리 싸리꽃잎들 까르르 쏟아져 내린다

씻어서 씻겨서 개울로 내려간 물에
복숭아 꽃잎 몇 개 동동
그 위에 개미 한 마리 살풋
바람의 옆구리에 손을 넣고 있다

뒤꿈치 자서전

여태 그들은 없었습니다
그들을 찬찬히 본 적도 말하는 것을 들은 적도
없었습니다 그래서
존재하지도 않고 기록도 없는 그들이
내겐 아직 선사시대일 뿐이었습니다
그런데 우산 없어 잠시 서 있는 지하철 역 계단에서
우루루! 맨얼굴의 그들이 떼로 쳐들어왔습니다.

샌들이나 슬리퍼에 끼워져 가는 그들
트고 갈라진 놈 옆에 오종종한 놈 하나 지나고 나면
입 꽉 다물고 눈만 부라린 놈이 오고
그 뒤를 힘없이 따라가는 놈이 있는가 하면
장딴지 힘줄 세워세워 버팅기는 아우성도 들려옵니다
어떻게 굴려왔을까 저 앞부리에 매달린 시간의 어깨들을
하고 생각하는 사이 그들은 또 자꾸 밀려갑니다

지하로 내려오는 우산 발길에서
툭툭 떨어지는 눈물방울들을 딛고서
또 타박타박 계단을 오르고 있습니다
저마다 뒤꿈치로

젖은 역사를 쓰고 있습니다

이제야 보게 된 그들 앞에
자꾸만 내 뒤꿈치가 가려워집니다
그 겨운 숨소리를 그 이야기를
거친 문장으로라도 오늘은
꼭 써야, 써야만 할 것 같습니다

시인과 거미

허방에 새로 쓰는 역사는 너의 것이다

아무것도 안 보이는 공중에
흔들리는 바람의 살점을 떼어내서
생 그물 엮어가는 너의 투명 발자국

비어있는 역사는 너의 몫이다

아무것도 기록되지 않는 하늘에
몸 하나로 밝은 귀 하나로
칸칸 채우고 또 비워가는 붉은 신호등

그렇게 제 살점 보태어
허방 살 채워가는
말갛게 제 눈 밝혀
새벽 별빛 수정그늘 출렁이게 하는

고향집

출발지도 도착지도 알 수 없는 길목에서
언제든지 지친 몸 기댈 수 있게
늘 비어있는 완행열차 좌석같이

바람 층층 낯선 서릿발 아래서
열리지 않는 문들이 벽으로 다가설 때
손길 내밀듯이

굽이굽이 낚아채는 물음표들 다 잠재우고
느낌표로만 가만가만 발자국 찍고 있는

거어기
시린 무릎 포옥 감싸주는
텅 빈 물렁뼈
속살

톱날

꼭 그런 것만은 아니었으리라
통나무 덩치 같은 걸 켜보려는 것도
아니었으리라 다만 확인해 보고 싶었을 뿐
나에게도 세울 날이 있다는 것을

열 손가락 열 발가락에 다 달고서도
아직 무엇 하나 켜 보지 못한
무딘 그 날
시시때때로 힘주어 날을 세워보지만
속에서만 웅얼거리다가 말 뿐
아직 아무도 알아주지 않는 그 톱날

그렇게 중소기업 사원 경력 25년
녹 묻은 부품 집어 올리느라 뭉개진
사시사철 안전화 속에서 뭉툭해진
차암 순해진 손톱발톱들

내게도 있다! 고
초등학생 중학생 두 아들에게
애비의 세운 날을 보여주고 싶어서

살아있는 애비의 역사를 기록하고 싶어서
한 달 전 뛴 단축 마라톤 3시간 45분
등수를 알 수 없는 결승점에서 받은
두 아들의 힘없는 하이파이브

오늘, 아내 몰래 바르고 있는 약 사이로
빠지다 만 두 엄지발톱이 그래도
아직 반쯤은 살아있다며 배시시 웃고 있다

벌침

1.
몸이다 몸이 먼저 말했다 그 아비는
산처럼 솟아오른 등짝으로도
윙윙거리며 여기저기 잘도 날아다녔다
때마다 꿀 한 모금이나 따는지 마는지
젖을 새도 없는 등짝 그것이
아들에겐 늘 날지 못하는 이유가 되었고
대낮에도 쥐구멍을 찾아들게 했다

또 웃는다, 늘 웃고 있는 아비
그게 더 싫다 아들은
그래서 제 몸에 늘 투덜투덜을 달고 다녔다
그러면서 저를 마구 비틀고 아무나 찔러대며
세상에게 웃어주지 못하는 이유가 되었다

2.
그만해라 그만해, 애비가 죄다!
거울이며 장롱짝을 부숴대는 아들 앞에서
한 줌 우거지단으로 울음 웃고 있는 아버지
그 뾰족한 등짝 위로 콰당! 하늘선반이 떨어지고

던지고 부수다 흥건해진 핏물에 미끄러지고서야
바라본 아버지
붉은 날개로 멈춰버린

아, 굽은 등짝 내려
아들에게 벌침을 놓고 가버린…

다시 왕초보

그렇게 되어가고 있었다
울퉁불퉁 일어서는 가시 자갈길 앞에서
나는 다시 인생의 왕초보

“지금은 아무것도 장담할 수 없고
성장이 끝날 때까지 두고 봐야 하지만
녹아버린 관절이 어떻게 자랄지…”
수술 후 첫 회진 때 휙 돌아서는
그의 눈부신 가운자락에서
내 몸에서도 이미 칼질은 시작되고 있었다

밤마다 글썽이는 별들의 강가
시퍼렇게 눈뜬 어둠이 내려와
석고 깁스 다리를 뭉개고 갔다

“엄마, 나 저 밖으로 나가서 하늘만 볼 수 있어도 얼마나 좋을까?”
실핏줄까지 흔드는 천둥 번개

불확실로 꺾인 관절 마디마디

투명투명 아홉 살 어린 앞길이
어둠 심지로 꼬이고 있다

거긴 안 되나

거기면 안 되나, 오뜨안경점 옆이나 신한은행 앞이면 모피전문점 곁이나 한정수 한정식 앞이면, 이 편한 편의점 옆이나 홈플러스 깔끔한 매장 유리문 안 거기에서 하루를 여닫는 건 안 되나

그건 안 되나, 매일 흙 묻은 운동화나 몸빼 바지의 슬리퍼나 두리번거리는 대신에, 홈플러스 시계탑 꼭대기나 신안실크밸리 25층 옥상쯤에서 쓰윽 내려다보는 건, 또는 거무스름 이마가 까진 구두코나 한쪽으로 심하게 닳은 뒷굽이나 올려다보고 있는 대신에 말야

오늘도 그의 유모차 짐수레 바퀴는
깨진 보도블록 틈에 기대어 있고
바짓단 눌러 넣은 회색 양말목은
눈 녹은 흙탕물로 웃고 있다
뒤 담벼락에 웅숭그린 햇빛이
시린 귀때기를 매만지고 있는 사이
가뭄논바닥 같은 그의 손아귀 아래서는
무좀약 바퀴벌레 약 진드기 약 아토피 약 좀약들이
먼지로 세수하고 또 하고

졸린 눈을 비벼대며
당신들의 하늘만 빤히 올려다보고 있다

줄타기

그가 누우면
조용한 경계가 되거나
길이 되기도 한다

그가 또 조금 출렁이면
원심력에 불끈 힘줄이 전율하거나
때론 발목 잡혀 넘어지기도 한다

그가 다시 수직으로 일어설 때면
쏜살같이 달려와 후다닥 매달리는 사람들
팽팽히 당겨 올려질 놈 확 떨어뜨려질 놈
아직 알 수 없다

줄!
오늘도 잘 안 보이는 그 선상에서
세상 사람들이 눈치를 보고 있다

4부 · 남자의 길, 여자의 길

그리고 아무 일도 없었다

자막도 없이
마지막 장면이 빠르게 정리되고 있었다

큰길로 턱걸이하지 못한 목숨 하나
휘익 걸레처럼 나동그라져 있다
논길을 달리다 39번 국도로 마악 올라서는 거기
부서진 오토바이 곁에서
피범벅 시멘트 묻은 연장 가방 하나
요란한 구급차와 싸이렌 소리도 잠시
그는 소리 없이 밀려나고 있었다
흰 천 아래 아무렇게나 미봉된 채
길은 다시 뚫리면서
더 밟아대는 가속 페달들
여기저기서 괜히 귀가시간만 늦어졌다고
거칠게 체크하고 있는 소리 들린다

나도 여백 없이 바로 달려 지난다
한 생이 마악 막을 내린 뜨건 숨 자리
그 길 위를 쉬익 쉭
시침질도 없이

강씨 아저씨

"어이, 이제 오는가, 근디 거그는 시방 누구당가?"
홀로, 동네 어귀 플라스틱 의자에
너무 가벼워진 몸 기대고 앉아
휙 휘익 지나쳐버리는 사람이나 차 뒤꽁무니에 대고
맥없이 세월도장을 찍고 있다

무서리가 몇 번 내린 뒤였든가
추수 끝난 번든 논배미 짚비늘
사람들, 몽글몽글 뭉개진 볏단 사이 들여다보며
위아래 동네 골목골목을 뜨겁게 달구었던 일
윗동네 자전거여자와 몇 번 달빛을 몰래 본 것
그것뿐이었다고
하얀 손사래 내젓던 그 초겨울 이후
제방공사 사방공사장 돌밭그늘에 묻혀서
그 성긴 돌 틈으로 바람 밀어 냇물 강물
흘려보내느라 명절에만 나타나던
내 친구 아버지, 강씨

햇빛 쨍쨍한 토요일 오후
동네 앞 논배미마다 뿌리내린 볏잎들

푸른 이마 나풀거리는데
골목어귀에서 비뚜루 돌담 밑 해 그늘 지고 앉아
해 묵은 짚비늘로
그냥 앉아 계시네 그렇게, 아저씨

뼈도 못 추리는 남자

–전쟁 중엔 어느 편 군인인지 몰라 길 한번 잘못 가르쳐주었다가 성한 뼈 하나 없게 두들겨 맞았다는 그가 30년 동안 미군부대 비행장에서 잡일하면서도 말을 잘 못 알아들어 하마터면 뼈도 못 추릴 뻔한 적이 한두 번이 아니었다던 그가, 그가 잘도 추려지고 있다

커튼이 걷히자 흰 남자만 서 있고
그는 온 데 간 데 없다
하얀 가운 허연 마스크 흰 장갑이
회색 벽의 빨간 버튼을 초인종처럼 누르자
철컥 문이 올라가고 스르륵 밀려나오는 기인 서랍 하나
한 시간 전 묵언으로 들어갔던 그의 80년 한 생애가
가볍게 몸을 벗고 나왔다

그 남자의 귀는 오래전 문을 닫았나
자지러지는 유족들의 울음소리 못 들은 채
묵묵히 생의 부스러기들만 쓸어 담고 있다
얼굴 시커멓던 그는
늘 주변만을 맴돌던 그는 지금
흰 장갑의 집게에 꽉 집혀 운명처럼 선택되어지고 있다
하얗게 표백된 뒤에야
성긴 빗자루 양철 쓰레받기 안에서야 비로소
뼈로 뼈있는 한 말씀 하고 계신다
생전에 일면식도 없었을 그 남자의 손놀림에서

누구였을까,
저 남자의 손에 담겨진 저것은
얼마큼의 무게일까,
의문부호를 다 떠올리기도 전에
"아이고! 아부지 아부지이이……"
바로 옆 분쇄실로 옮겨가는 허연 조각들에서
섬광처럼 분홍빛이 도는가 싶더니 그만
모터 소리에 자지러지고

찰나에! 곱게 빻아진 그가
살아서 뚜벅뚜벅 걸어 나온다

밥을 위한 변명

1.

"더 올려라 고봉으로, 니 아부지 오늘밤에 편하게 한 그릇 자시고 가게…"

뜨거운 밥 한 그릇, 늘 그게 그것인 고만고만한 젯상 위에 하얗게 쌓아 올리는 눈물의 성채 하나, 평생 찾아 헤매다가 떠나가신 아버지의 밥 길 위에

"눈물은 밥이 되지 않는다"

밥상머리에 앉아 잘 우는 내게 하신 말씀이었다.

2.

어둠도 닦고 문지르면

길이 될까

빛이 날까

"집에 70원 밖에 없어서, 임신한 아내와 죽으로 며칠을 때우다가…"

남의 집 담 너머 들어갔다가 잡혀온 TV 속 사내의 구겨진 잠바 뒤에서

주루룩 떨어져 내리는 어둠의 밥 알갱이들

“나와도 집 없고 밥 없으니 차라리 다시 들어가는 게…”
출옥 후 하루 만에 200원을 훔치고 잡혀온 20대 청년의
쑥갓 머리 뒤통수에 내려치는 서릿발

봄날은 잘도 온다, 저 혼자서

1.
오랜만에 찾아가는 아버지 산소 길
아버지보다 먼저 보았다
겨우 비껴서는 밭둑에서
팔순 노모 손에 흰 상자로 떠나가는
금이 언니를

집으로 오는 내내 봄은
발바닥에서 함부로 질척거렸다
그녀 풀어헤쳐진 치맛자락처럼

2.
여자임이 확인되고부터 더 바빠진 그녀의 어머니, 흘리고 다니는 딸의 침과 웃음을 닦아내느라 매달 그때마다 저 혼자 처리하지 못하는 그녀에게 검은 색 몸빼를 입히느라,

그때부터였다던가 그녀가 몸빼 대신 치마를 걸치기 시작한 건, 뒷집 경운기 소리만 나면 뒤안으로 돌아가거나 다리 공사장 컨테이너 박스 옆을 자꾸 기웃거리는 건

어느 날 딸의 달거리가 안 보이고 뜬금없는 것을 먹고 싶다는 딸에게 "이년아, 같이 죽자 같이 죽자" 죽서리 치는 소리가 흘러흘러 자꾸 담 너머로 나불거릴 때쯤

뒤란 감나무 가지에 매달린 금이 언니

3.

사철나무 대문을 들어서니
봄은 벌써 와 있다, 시침질도 없이
우리 집에도 우리 뒷집 거기에도
담벼락 흙살 비집은 냉이꽃으로
산수유 가지 끝에 황달로 터진
폭약의 어질머리로

숲에 대한 나무의 의문문

1.

언제부터였을까 바람 빠진 자전거 한 대와 비닐자락 치렁대는 짐수레만 놓여있는 게, 어디로 갔을까 눈비에도 아랑곳 않고 언제나 그만큼 많지도 적지도 않게 늘 고만고만하던 채소무더기와 잡곡 봉다리들은, 시장 골목이라고도 할 수 없고 아니라고도 할 수 없던 그 자리, 반 평 남짓 그 자리의 굽은 등허리는

반신불수 영감 20여 년, 방구들 지키던 고놈의 이부자리 걷어내고 나니 이제 아주 살 것 같다더니 그 웬수 떠나보내고는 한 달도 채 못 버티고 마는

2.

식물성이었을까 그녀는, 상동시장 잡목 숲 언저리에서 정육도매 의류도매 대형마켓들 불끈불끈 힘줄 세운 소나무들 사이에서, 없는 것 빼고 다 있다는 각종 생활용품점 치킨집 화장장품 가게 덩치 큰 졸참나무 굴참나무 아래서, 굵은 가지 사이로 새어나오는 가는 빛살이나 쬐며 버텨가는 작은 가지, 그런 것으로도 매달려 있지 못하는 삭정이

뿌리 없는 나무였을까 정말, 그렇게 쉬이 흔들리다니 그렇게 휘익 가버리다니 중심에서 가장 먼 곳이 가장 민감하다는 나무처럼 그녀 자리 그렇게 먼 곳이었을까 중심부에서

3.

다 어디에다 놓아버렸을까 그 말
좌판이 찻길까지 삐져나왔다는 단속반에게도
눈길 손길은 저만치 두고
"긍게 말이요 긍게 말이요"만
가게 앞을 막는다는 이불집 빵집 주인 호통에도
"긍게 말이요 긍게 말이요"만으로 잘도 버텨내더니
긍정도 부정도 아닌 웃음도 눈물도 아닌
바람의 뼈가 뼈끼리 부딪히며 내는 말
그 말은 세상천지 다 어디에 두고
가버렸을까, 그녀

탈, 구절양장의

탈이 나도 크게 났다고 했다, 어른들은 호적도 파내고 서로 관계를 영 끊어버리자고 한 스물두 살의 봄은 그렇게 시작되었다. 꽃 물 오른 가지로 날아드는 그 남자에게 자꾸만 터지려는 복사꽃 몽울 어쩔 수 없어 봄빛에 타는 그와 살림을 차리면서 덩어리째 거머쥔 꿈은 반지하 단칸 창문에 댕글댕글 빛나고 있었다, 아이의 두 돌까지는

그런데 탈이 났단다 말을 잘 못하고 침도 흘리기 시작하고 너무 잘 생긴 얼굴과 '빛날 휘' 자 이름 때문이래서 '휘' 를 '건우' 로 바꾸어도 봄날은 어둡기만 했다 특수아동 보육기관, 그 언덕 오를 때마다 찍어 누른 피멍 손톱으로 문틀이 자지러졌다

그 '특수' 에 익숙해지기 시작하던 때, 땀으로 간을 더한 국수와 쫄면과 초장을 싣고 골목골목을 누비던 남편이 겨울 새벽, 갑자기 말을 못 한다 흔들어도흔들어도, 남편의 뇌 그 골짜기에 엉킨 피가 그녀에게 우지끈 나무둥치를 하나 내려놓았다 할 수 없지, 남편의 언덕에서 끌어내린 트럭으로 골목골목 분식집으로 아이에게로 달려가던 그녀가

이 겨울 담벼락 움켜 쥔 얼음 통증에

脫腸! 이란다
구절양장 그녀의 腸은
길을 잃은 것일까 엉킨 것일까,
그 응달진 내벽을 서성거리고 있을 때
닫힌 병실 창 너머로 빛을 더듬는
서른셋의 우듬지,
아직 빙판으로 푸른

목 매인 남자

괜찮아유 전 뜨거운 건 당최 싫어한다니까유
그래도 식기 전에 드세요 추울 텐데

주치의의 퇴원 지시가 사흘 전인데
지불 못한 병원비에 이불보따리만 쌌다 풀었다 하면서
원무과 전화를 허리 숙여 받고 있던 그
아빠 나 괜찮은데 집에 왜 안 가? 밥도 왜 안 나오지?
여섯 살 난 딸아이의 눈망울은 링거액보다 투명하다

전에는 '가불'은 할 수 있었는데유, 작업복과 사원증도 있는 큰 회사였는데유, 제 기술이 좋아 작업반장도 잘했는데유, 다시 취직을 해보려고 이렇게 양복도 입고 나가 봤는데유…

그의 입에서는 낡은 필름 돌아가는 소리가 들리고 그 소리에 넥타이 끝이 닳아 너덜거리고 있다 목줄도 저렇게 닳는구나 붉은 넥타이 보푸라기에 식은 국밥이 자꾸만 다시 데워지고 있는데

첫눈이다!
병원 구내식당 유리창을 흔드는 소리에 묻혀
미어지는 그 남자의 목
붉은 목줄댕기

등을 위한 내재율

으이 구, 오늘 또 야?
아무렇게나 던져댄 꼬리표를 끌고
한밤중에 들어온 그가
곧장 욕실로 들어간 지 한참이 지났다
문을 열어보니 물은 물줄기 저대로 흐르고
거울 앞에 멍하니 겨울나무 한 그루 서 있다
휘고 앙상하게 굽은 등허리에서
붉은 소리들이 튀어 나온다

쏟아지는 상사의 말이 송곳으로 꽂혀올 때마다
월말마다 덜 채워진 실적의 빈 칸을 붙들고
앙버티었을 그의 마디마디 등뼈가
희뿌연 울음으로 타고 있었다

그랬나 보다, 그의 등을 한 번도 눈여겨 본 적이 없었나 보다
미소로 말해주는 눈빛을 보며 감겨오는 팔 안에서
그저 벌어진 그의 어깨와 넓은 가슴팍을 만지작거리고 탐했을 뿐

이 밤 그의 등에 가만히
대줄 무른 내 등을 찾고 있다

파꽃 한 송이

다시 내려왔다, 정희네 엄니
봉천동 어느 식당 귀퉁이 방에서
십수 년을 새우잠 자다가
마늘 까는 일마저 안 시켜 줘서
아들 며느리 찾아 내려왔다
죽어도 엄니랑은 같이 못 산다는
며느리의 거센 손사래에 나동그라져
혼자 사는 옥선네 아랫방에
싸리 불씨 하나 붙들고 있다

볕이 좋은 날이면 그래도
텃밭 푸성귀에 몸 기대어 마음 기대고
장롱 깊숙이에서 꺼내 보는 연초록 꿈 저고리에
손등 검버섯 몇 개는 뭉개고 있었는데

부슬비 내리는 오늘
그 집 앞 공터에 차를 세우다가 본다
찌그러진 함석 대문 틈으로
오도카니 마루 끝 요강 옆에 놓인
비쩍 마른 파꽃 한 송이

화살나무 그녀

너덜거리는 생의 가장자리를
슬며시 떨궈 놓고 뒷걸음치고 싶은 곳
낡은 시간의 뒷덜미들이 서성대는
중앙공원 공중화장실 뒤켠

가지마다 무딘 칼날 세워 바람을 견디던
화살나무 한 그루
반 뼘 남은 하루치의 가랑잎들을 움켜쥐고
대롱대롱 가을하늘을 꽃단장하고 있다

그 화장실 거울 앞에 선
환경미화원 김씨 아줌마
칼날 위를 견뎌온 일상 잠시 내려놓고
촉 없는 화살나무 그늘에 붉어진 볼로
공원 옆구리에 하나 둘 꽃등을 내걸고 있다

下午의 꿈

쉼표로 나앉아 있는 생의 주름들
상동시장 입구 좌판 위에
기우는 햇살 지고 올망졸망
러브러브 침구와 뉴욕베이커리 사이
유리문 빛살 너머에서
툭툭 지나는 발길에 채이며 꾸벅꾸벅 졸고 있다
할머니 하나, 전신주에 비스듬히 기댄 채
쪽파줄기에서 허연 생살의 시간들
까 보인다, 눈물 콧물 훔쳐가며
닳고 닳은 손톱 끝으로
쪽파 몇 가닥 이쪽저쪽으로 옮겨놓으며
눈금 없는 삶을 저울질하고 있다
그 손 위로
가랑잎 하나
슬며시 내려앉고 있다

위대한 유산

봄빛에 흙살 보송보송 살져오는 뒷산 비탈에
누가 뚜껑 없는 고봉밥 하나 엎어 놓았네

강원도라던가 충청도라던가, 화전민으로 떠돌다 떠돌다 처음 나온 곡성장 국밥집에서 덕팔이 아저씨 무거운 보따리 좀 들어다 주다가 한솥밥 먹게 되었다던 쫑구 할매

그것도 무슨 복이라고 두 해 만에 혼자된 여든 살 분홍신부가, 반쯤 허물어진 담벼락에 기대어 하릴하릴 해 동냥만 하다가 동네 잔칫집에라도 불려나가면 옴질옴질 잇몸으로 빈 세월만 낚고 있다더니, 드디어 엊그제 봄밤 봄꽃놀이에 불려 나가긴 나갔다는데

공동산 언덕배기 가고 싶은지 기별도 없이 혼자서 꽃 나들이 나갔다기에 동네 사람들 리어카라도 태워서 꽃가마 길을 만들어주겠다고, 낮은 방문 돌쩌귀 빼고 들어가서 가서 일으켜 세우려는데 허리춤에서 툭 떨어지는 그것, 평소 그렇게도 안 보여주고 애지중지하던 주머니 하나

비밀의 그 방 빗장을 풀자
아직 생생 푸른 눈 치뜨고 있는
허리 잘린 놋숟가락 하나와 지폐 몇 장

끝내 아무 말도 못했다

사흘거리로 마음의 머리채를 싸잡혔다
그 여자

아니라고, 상큼한 오렌지주스 같은 여자가
먹으면 또 먹고 싶은 부드러운 여자가 아니라고
바람 부는 언덕에서 기다려줬던 그런 여자가
결코 아니라고
보리밭 푸른 물결에 미끄러지는 비단결 머리카락이
호수 눈동자 가득 담은 별빛이
아니라고 아니라고 몸사래 쳐대며
"이만 끝내!"를 온몸에 달고 바깥으로만 떠돌던 그 남자

마른 수숫단으로 실려 왔다
환갑을 사흘 앞둔 저녁에

달빛이 토방 위에 놓인 몇 켤레의 신발 코에 서성이다가
염장이의 손가락 끝에서 마른 불빛으로 잦아들 때까지
끝내 아무 말도 못들은 그녀
아직 제 스스로 끝내지 못한 마른 울음을
손톱 끝으로 허옇게 짓이기고 있었다

그 여자의 거푸집

그렇게 시작되었다 그 여자 문의 역사는, 열여섯에 억센 손아귀에 고꾸라졌던 밤길 투두둑! 부러진 창살 주워들고 거기에 창호지를 바르기 시작했고, 그 창호지 귀퉁이에서 문틀 세우고 돌쩌귀를 달고 문을 달고 덧문을 덧달고, 그러면서 그 위에 반투명 마음의 창호지를 씌우고 덧바르며 살아보는데

그러나 문을 여닫는 건 늘
그 여자의 몫이 되지 못했다
스무 살에도 서른 즈음에도
제 맘대로 드나드는 바람의 손갈퀴에
붙들리다 붙들다 예순 넘어 캄캄
문턱 닳고 문짝 비틀리고 뒤틀려 온몸 삐걱삐걱이더니

닫을수록 열리고 떨어져나가기만 하던 낡은 문짝
오늘 한 번 똑바로 세워보고 싶어서
짱짱한 가을볕에 창호지 새로 발라 활짝 열어 젖혔는데도
이젠 바람의 눈거미줄에조차도 걸려들지 못하는

문짝도 문턱도 바이없는
텅 빈 영혼의 거푸집이다

하늘거미

주말 오후 강남역 사거리
야! 첫눈이다 첫눈
빗금으로 내달린 소리들에
회색 하늘이 기지개를 켠다
덩달아 어깨 들썩이며 하늘 눈길 따라가다
교보빌딩 유리창에 쾅, 눈이마를 부딪힌다

줄 하나에 매달려 아슬아슬
수직의 허방벼랑을 건너가며 미끄러지며
온몸으로 앙버티는
하늘거미 두 마리
쉼 없이 엉겨 붙는 몸짓에서도
제 몸 기댈 거미줄 하나 못 치고
옆구리 퍼런 제 시간의 발자국들만
꾸욱꾸욱 지워내고 있다

거미도 아닌 것이
조롱박도 못 되는 것이
대롱대롱 보일 듯 말 듯
말없이 초겨울 하늘 창을 닦고 있는

검은 살점, 유리벽에 빙점으로 찍힌

회색 하늘에서 하늘그물 찾고 있는
저어기 저 꿈틀대는 말없음표

● 해설 ●

거미여인에서 갈참나무까지

한명희(시인. 강원대 교수)

1. 거미의 딸 거미 여인

사람을 사람이 아닌 다른 동물에 비유하는 것은 아주 오래된 수사법이다. 그 생김이 닮아서 비유가 성립하기도 하고 그 성정이 닮아서 비유가 성립하기도 한다. 물론 식물에 사람을 비유할 수도 있다. 정순옥 시인을 사람이 아닌 다른 무언가에 비유해야 한다면 그것은 '거미' 가 되지 않을까 싶다. 거미의 종류가 3만 가지나 되며 생활방식도 다양해서 정주형에 떠돌이형, 그물치기형이 있다고 하니 그 중 어떤 거미가 정순옥 시인의 이미지와 일치하냐고는 묻지 마시기 바란다. 그저 우리의 머릿속에 가장 강력하게 각인되어 있는 거미의 이미지, 그러니까 점액이 들어있는 기관을 이용해 거미줄을 만들어내는 그 거미라고 생각해주시기 바란다.

허방에 새로 쓰는 역사는 너의 것이다

아무것도 안 보이는 공중에
흔들리는 바람의 살점을 떼어내서
생 그물 엮어가는 너의 투명 발자국

비어있는 역사는 너의 몫이다

아무것도 기록되지 않는 하늘에
몸 하나로 밝은 귀 하나로
칸칸 채우고 또 비워가는 붉은 신호등

그렇게 제 살점 보태어
허방 살 채워가는
말갛게 제 눈 밝혀
새벽 별빛 수정그늘 출렁이게 하는

－「시인과 거미」 전문

씰로트가 쓴 『상징사전』을 보면 거미는 세 가지 상징적 의미를 지닌다고 한다. 거미줄을 짠다는 측면에서 창조성을 상징하며, 공격성을 상징하기도 하고, 거미집이 중심을 향해 나선형으로 수렴한다는 점에서 나선적 운동을 상징한다고 한다. 이 시는 창조성의 상징으로서의 거미의 이미지를 잘 살려 '시인'의 시 쓰기 작업을 거미의 그물 짜기에 비유하고 있다. 물론 여기서 '너' 로 호명된 거미이자 시인은 정순옥 시인 자신의 이미지이다. 그런데 이 작은 거미가 품고 있는 '독성' 이 만만치 않다. 그는 이렇게 말한다. '허방에 새로 쓰는 역사는 너의 것이다' 라고, 그리고 '비어있는 역사는 너의 몫이다' 라고. 달리 말하면 허방에 새로 시의 역사를 쓰겠다는 것이고 비어있는 역사를 새로 쓰겠다는 것이다. 무엇으로 역사를 새로 쓰겠다는 것인가. 온전히 그 자신이 가지고 있는 것으로, 그러니까 '몸 하나로 밝은 귀 하나로' 그는 '새벽 별빛 수정그늘 출렁이게' 만들고자 하고 있는 것이다.

무엇이 그에게 이렇게 담대한 목소리를 갖게 하였을까? 자기 몸으로 새 역사를 만들어내겠다는 이 강골진 다짐을 하게 하였을까? 아무것도 없는 곳에 오직 자신의 몸에서 뽑아낸 실로 시의 역사를 새로 쓰겠다는 다짐을 말이다. 아마도 그는 애초에 '거미의 딸' 로 태어났던 것은 아닐까? 만화이자 영화로도 만들어졌던 『스파이더맨』의 주인공 '파커' 는 평범하고 내성적인 고등학생이었으나 우연히 유전자 조작 거미에 물려 스파이더맨이 된다. 스파이더맨이 되어서 악의 무리들을 물리치는데 그의 초능력을 사용한다. 정순옥은 거미의 유전자를 그의 아버지에게서 물려받은 것은 아닐까? 그래서 세상을 거미의 눈으로 보게 된 것은 아닐까?

장맛비가 그친 오늘
두 아이들 데리고 오랜만에 찾은 아버지 묘소
푸른 머리 위로 투명한 거미줄 얹어

바람결에 보여 주시네 평생 하신 일이란
허공에 집 짓던 일뿐이란 걸
비 온 뒤에야 그 모습으로
쉬이 바람 뚫고 나가지 못하고 있는 나를 보고
허방에서 절뚝이는 내 발길 붙잡아
잠시 쉬어 가라고만 말씀 하시네

나 오늘
아버지 성뭇길 하늘그물에 파닥이는
작은 날벌레이고 싶네
싶기만 하네

—「거미집 아버지」 전문

첫 시집 『세상의 붉은 것은 모두 아프다』에 실려 있는 이 시에서 그는 거미를 통해 아버지를 보고 있음을 보여준다. 그리고 거미를 통해 세상을 보고 있다는 것도 보여준다. 전세계에 3만 종이나 있다는 거미. 정순옥 시인에게 인간사는 거미들이 거미줄을 짜는 일이나 마찬가지이다. 거미들 중에는 무당거미도 있고 탐라산왕거미도 있고 기생왕거미도 있다. 또 꼬리갈거미도 있고 긴호랑거미도 있다. 이 거미들은 각자 그물을 치며 거미줄을 동여매며 살아가고 있다. 어떤 거미들은 야당 후보 경선에 등장해 막바지까지 양 진영에 줄을 서기도 한다. 세상은 이렇게 거미들이 얽히고설켜 살아가는 곳이고 그래서 그 세상은 거미들이 짠 '하늘거물' 로 출렁이는 곳이 된다.

(시간이 수직으로 일어서는 오전 11시 11분. 관모산 깔딱 고개 숨 찬 손으로 확! 나뭇가지 움켜잡았는데)

떡갈나무 두꺼운 잎자루 사이에서
무당거미 한 마리 몸을 열고
투명 살점 풀어 놓고 있다
그 옆 갈참나무에서는 탐라산왕거미가
쳐진 가지 사이를 오르락내리락 수직널뛰기 중이고
그 아래서는 맥문동 이파리 그늘 사이에
기생왕거미가 요리조리 그물치기에 한창이다
저만치 졸참나무 가지사이에선 또
꼬리갈거미가 그 가는 배와 긴 다리로
낮게 수평의 그물을 치고 있다
신나무 그늘에서 가만 지켜보던 긴호랑거미
하! 재빨리 그 둥근 그물 위에
다시 지그재그 특이한 줄 풀어 단단 동여매며
비글비글 비웃음 날리고 있다

지나는 등산객 호주머니 라디오에서는
–이제 몇 시간 후면 야당 후보 경선 최종 승자가 누구인지 알 수 있을 것 같죠?
–네, 경선 막바지까지 양 진영에 줄을 섰던 사람거미들도 이제 희비가 엇갈리며 절벽을 뛰어내리겠죠?

늦여름 한낮이 온통 하늘그물로 출렁이고 있다

–「하늘그물」 전문

2. 관계의 그물망

나는 그와 아주 오래전부터 알고 있는 것이 확실하다. 그가 등단하는 과정을 지켜보았고 시집을 내는 걸 보았으니 그를 안 지 오래된 것이 맞다. 그러나 나는 그가 초등학교 선생님이라는 걸 빼고는 그에 대해 아는 것이 전혀 없다. 결혼은 했나? 아이는 있나? 생각해보아도 그 답이 될 만한 단서조차 알고 있지 못하다. 잠깐씩 마주치는 자리에서 그는 늘 웃었다. 그러나 그 웃음이 아련한 슬픔 속에서 튀어나오는 것 같아서 그의 웃음은 늘 축축했다는 것. 그것이 그에 대한 주된 인상이다. 이렇게 피상적으로밖에 그를 알지 못하면서도 나는 그와 가깝다고 생각한다. 아마 그도 그러할 것이다. 그것은 우리가 서로의 예민한 촉수로 우리가 같은 부류의 사람이라는 걸 알아차려버렸기 때문일 것이다. 이 부류에는 인간관계에 유달리 관심이 많은 사람들이 포함된다.

그는 늘 허기진 포만으로 지나친다
막 쳐내온 생솔가지 향기 같은
쌓인 눈 털어서

덥석 잡을 수 없는
고드름 투명 빙질감 같은 그
그가 오늘 "저기요! 이것…"
짧게! 한 번 딱 한 번 건너왔는데

어느새 물줄기 확 일어서고 있는
샛강 그 강 물머리 닿기도 전에
급한 여울목 휘휘 돌아가는 물소리
심장 뛰는 소리
저기요 저기
금방 가 닿을 것 같은 저기요!
그 깊고 환한 강

—「저기요! 강 깊은 저 강」 전문

세상사 어려운 것이 많지만 인간관계처럼 어려운 것이 없다. 인간을 깊이 사랑하고 인간에 대한 애정이 많은 사람일수록 더 그러할 것이다. 그런 사람들이 인간관계에서 더 많이 상처받고 또 더 많이 기뻐할 것이기 때문이다. 이번 시집을 관통하는 주된 테마 중 하나가 바로 인간관계이다. 특히 2부에 엮인 '관계'라는 장의 시들은 그의 인간관계 탐구를 집중적으로 보여준다. 위의 시 「저기요! 강 깊은 저 강」에서 그는 인간관계의 미묘한 떨림, 미세한 움직임 같은 것을 너무나 예리하게 보여준다. 우리들 중에 꼭 이런 사람이 있다. 눈으로 환히 보이기는 하지만 도무지 만질 수 없을 것 같은 사람. 이런 사람을 그는 '고드름 투명 빙질감' 같은 사람으로 묘사한다. 얼마나 적확한 표현인가. 그런데 그런 사람이 '저기요! 이것…' 라고 나를 불러 세웠을 때, 그래서 나에게로 건너와 주었을 때 그의 말은 심장을 뛰게 하는 효험을 지닌 것이 된다. 어디 그 뿐인가. 깊고 환한 강을 건너 그에게 금방 가 닿을 수 있게 만드는 것이 되는 것이다.

위의 시를 포함 인간관계를 탐구한 정순옥의 시들이 지니는 힘은 "날개바람"(「봄밤엔 생의 안전벨트를 조여매세요」)에도 마음을 다치는 여린 마음, 그러나 마음을 다치고 쓰러지면서도 인간관계의 본질을 꿰뚫고자 하는 노력에서 나온다. 그러니까 정순옥은 관계의 그물망을 촘촘히 읽어내는 능력이 뛰어난 시인이라고 할 수 있겠다.

그가 누우면
조용한 경계가 되거나
길이 되기도 한다

그가 또 조금 출렁이면
원심력에 불끈 힘줄이 전율하거나
때론 발목 잡혀 넘어지기도 한다

그가 다시 수직으로 일어설 때면
쏜살같이 달려와 후다닥 매달리는 사람들
팽팽히 당겨 올려질 놈 확 떨어뜨려질 놈
아직 알 수 없다

줄!
오늘도 잘 안 보이는 그 선상에서
세상 사람들이 눈치를 보고 있다

–「줄타기」 전문

'줄을 댄다', '줄을 선다', '줄이 닿다' 는 말은 모두 사회생활에서의 인간관계와 관련된 말들이다. 여기에 이 시의 제목 「줄타기」를 하나 보태어도 되겠다. 정순옥은 인간관계의 여러 단면을 '줄' 을 통해 묘파한다. 줄은 경계가 되기도 하고 길이 되기도 한다. 또 줄은 힘줄이 되기도 하고 누군가의 발목을 잡기도 한다. 줄은 또 누군가를 매달리게 하기도 하고 누군가를 당겨 올리기도 하고 떨어뜨리기도 한다. 그러니 그 '줄' 앞에서 사람들은 눈치를 볼 수밖에 없는 것이다. 이렇듯 '줄타기' 에는 단순하지만 날카로운 비유가 들어있다. 정순옥은 거미의 눈으로 관계의 그물망을 샅샅이 훑고 있는 것이다.

할 일 빼곡히 늘어선 목록 위에
눈 질끈 감고 찍은 방점 하나를 쥐고
서둘러 나갔다

옆에 그림이라도 하나 걸지
그 아래 화분이라도 하나 놓든지
몇 번째 두런두런 푸념을 받아든 벽시계는
물끄러미時를 건너 이제 괜시리時를 돌아

괘 · 엔 · 히로 분침이 바뀌고 있을 때
초침의 그가 들어왔다

어, 아무도 없네!
(응, 나 왔잖아)
으응, 누구도 안 오고 누구도 안 보이고
야, 누구누구는?
뒨전뒨전 서성대는 그의 눈길을
문 쪽으로 확 낚아채는 소리
야, 아무도 안 왔잖아!

'아무도' 와 '누구도'
그들은 도대체 어디 있나 언제 오나
없는 그 속에서
나도 그의 아무도와 누구도가
되고 싶다

—「'아무도' 와 '누구도' 사이 세상은 없다」 전문

어느 곳에서나 남들의 주목을 받아서 '아무도 없네', '아무도 안 왔네', '아무도 안 보이네' 할 때의 그 '아무도' 에 늘상 포함되는 사람에게 이 시를 읽히고 이 시의 상황을 설명해서 이해시키고 싶지는 않다. 그런 사람들은 내가 아무리 잘, 그리고 자세히 설명해도 이 시에 공감하지 못하리라. 그러나 주인공을 위한 들러리가 되곤 하는 사람, 그러나 그 들러리도 마음대로 안 할 수도 없는 사람들은 이 시의 한 자 한 자가 가슴 아프게 다가올 것이다. 너무나 바쁜 와중에 억지로 시간을 내서 달려간 자리. 거기서 '아무도 안 온 것' 으로, 투명인간으로 처리될 때의 속상함이란… "나도 그의 아무도와 누구도가/되고 싶다" 는 직설화법이 공감되는 것은 그러한 절실함 때문이다.

이렇듯 사람과 사람 사이의 관계는 사람들 가장 힘들게 하는 요소 중 하나이다. 그리고 그는 이러한 점에 깊이 천착한다. 그가 관계에 관심을 가지는 것은 주목받고 싶어서라고 단정해도 좋다. 다른 말로 사랑받고 싶어서라고 해도 좋다. 그러나 당당하게 요구하지 못하고, 더구나 사랑받기 위해 아무런 술수도 쓸 줄 모르는 채 단지 염원하기만 하는 그의 이 사소하나 소중한 욕망을 누가 미워할 수 있겠는가.

3. 떠도는 자들을 포착하는 거미의 눈

정순옥의 시에 '줄' 이나 '관계' 에 대한 천착이 많은 것을 나는 그가 지닌 '거미' 의 속성 때문이라고 읽었다고 말한 셈이다. 이 거미여인의 눈은 관계의 그물망을 포착하는 데 그치지 않는다. 그는 그 예리한 눈으로 '세상의 잡것들' (「세상의 잡것들을 위하여」)을 잡아낸다. 특히 그가 찾은 '세상의 잡것들' 은 대부분 한군데 정착하지 못하고 떠도는 자들이다. 그들이 떠도는 이유는 대부분 가난 때문이다.

1.

"더 올려라 고봉으로, 니 아부지 오늘밤에 편하게 한 그릇 자시고 가게…."

뜨거운 밥 한 그릇, 늘 그게 그것인 고만고만한 제상 위에 하얗게 쌓아 올리는 눈물의 성채 하나, 평생 찾아 헤매다가 떠나가신 아버지의 밥 길 위에

"눈물은 밥이 되지 않는다"

밥상머리에 앉아 잘 우는 내게 하신 말씀이었다.

2.

어둠도 닦고 문지르면

길이 될까

빛이 날까

"집에 70원 밖에 없어서, 임신한 아내와 죽으로 며칠을 때우다가…."

남의 집 담 너머 들어갔다가 잡혀온 TV 속 사내의 구겨진 잠바 뒤에서

주루룩 떨어져 내리는 어둠의 밥 알갱이들

"나와도 집 없고 밥 없으니 차라리 다시 들어가는 게…"

출옥 후 하루 만에 200원을 훔치고 잡혀온 20대 청년의

쑥갓 머리 뒤통수에 내려치는 서릿발

-「밥을 위한 변명」 전문

정순옥을 시인으로 키운 건 8할이 어머니이지 싶다. "섬마을 선생으로 첫 발령 받은 딸을 놓아두고 읍내로 나가는 군내버스를 차마, 하루 두 번 지나다닌다는 그 버스 영 타지 못하고 그냥 보내버리던 아버지"(「무명이불, 생의 바탕화면을 빛내다」)도 아버지지만, 그의 어머니는 시의 군데군데서 시인보다 더 시인다운 면모를 보인다. 그의 어머니는 그의 앞 시집 『세상의 붉은 것들은 모두 아프다』의 표제시를 장식하신 분이기도 한데, 위의 시에서도 "눈물은 밥이 되지 않는다"는 잠언적 말씀으로 우리를 숙연케 한다. 이런 어머니를 두었기에 그는 거미의 눈을 가지게 된 것이 아닐까? 시의 '2' 가 바로 거미의 눈에 포착된 '세상의 잡것들' 이다. 그 잡것은 집에 70원이 없어서 남의 집 담을 넘은 사람이고, 또 출옥 후 200원을 훔쳐서 다시 감옥으로 들어가게 된 처참한 인생이다. 70원이 아니라, 200원이 아니라 70억이고 200억이었다면, 아니 억 단위까지는 아니더라도 70만 원이고 200만 원이었다면 이 시를 읽는 기분이 이렇게까지 비참하지는 않을 것이다. 밥 때문에, 그놈의 밥 한 그릇 때문에 정말 세상의 잡것으로 전락해버리게 만드는 이 삶을 어떻게 할 것인가? "어둠도 닦고 문지르면/길이 될까/빛이 될까"는 그러니까 시인의 이 어두운 삶을 위한 위로이자 염원이라고 할 수밖에 없을 것이다.

위의 시 「밥을 위한 변명」을 비롯한 3부 '길의 얼굴들' 에 실린 시들과, 특히 4부 '남자의 길 여자의 길' 에 실린 시들은 '세상의 잡것들' 에게 바쳐진 헌사라고 할 수 있다. 시의 한 편 한 편에 정말 너무나 불쌍해서 읽는 사람들을 화나게 만드는 그런

류의 남자와 여자가 등장한다. 그의 주변에만 이렇게 떠도는 사람들이 몰려 있을 리 없다. 그가 거미여인답게 어두운 곳에 있는 사람들을 눈 밝게 찾아내는 것뿐이다. 눈 밝게 찾아내어 우리 눈앞에 그대로 재현해내는 것뿐이다.

1.

언제부터였을까 바람 빠진 자전거 한 대와 비닐자락 치렁대는 짐수레만 놓여있는 게, 어디로 갔을까 눈비에도 아랑곳 않고 언제나 그만큼 많지도 적지도 않게 늘 고만고만하던 채소무더기와 잡곡 봉다리들은, 시장 골목이라고도 할 수 없고 아니라고도 할 수 없던 그 자리, 반 평 남짓 그 자리의 굽은 등허리는

반신불수 영감 20여 년, 방구들 지키던 고놈의 이부자리 걷어내고 나니 이제 아주 살 것 같다더니 그 웬수 떠나보내고는 한 달도 채 못 버티고 마는

2.

식물성이었을까 그녀는, 상동시장 잡목 숲 언저리에서 정육도매 의류도매 대형마켓들 불끈불끈 힘줄 세운 소나무들 사이에서, 없는 것 빼고 다 있다는 각종 생활용품점 치킨집 화장장품 가게 덩치 큰 졸참나무 굴참나무 아래서, 굵은 가지 사이로 새어나오는 가는 빛살이나 쬐며 버텨가는 작은 가지, 그런 것으로도 매달려 있지 못하는 삭정이

뿌리 없는 나무였을까 정말, 그렇게 쉬이 흔들리다니 그렇게

휘익 가버리다니 중심에서 가장 먼 곳이 가장 민감하다는 나무
처럼 그녀 자리 그렇게 먼 곳이었을까 중심부에서

3.
다 어디에다 놓아버렸을까 그 말
좌판이 찻길까지 삐져나왔다는 단속반에게도
눈길손길은 저만치 두고
"긍게 말이요 긍게 말이요"만
가게 앞을 막는다는 이불집 빵집 주인 호통에도
"긍게 말이요 긍게 말이요"만으로 잘도 버텨내더니
긍정도 부정도 아닌 웃음도 눈물도 아닌
바람의 뼈가 뼈끼리 부딪히며 내는 말
그 말은 세상천지 다 어디에 두고
가버렸을까, 그녀

-「숲에 대한 나무의 의문문」 전문

정순옥의 시 중에서 '세상의 잡것들'을 노래하고 있는 시 중에는 서사적인 설명을 되도록 줄인 채, 시인의 감성도 되도록이면 배제하고 어두울 수 있는 풍경들을 너무나 서정적으로 묘사한 것들이 많다. 「下午의 꿈」이나 「화살나무 그녀」 같은 시들이 그것이다. 그러나 나는 그런 시를 인용하지 않고 「숲에 대한 나무의 의문문」을 골랐다. 이 시에 나오는 "긍게 말이요 긍게 말이요"만으로 세상천지의 모든 어려움을 견뎌냈다는 '그녀'의 모습이 왠지 그를 닮아있는 것만 같아서이다. 그가 이런 말

을 하는 것은 한 번도 보지 못했지만 그가 내게 가끔씩 보여주었던 습기 가득한 웃음이 "긍정도 부정도 아닌 웃음도 눈물도 아닌/바람의 뼈가 뼈끼리 부딪히며 내는 말"과 같지 않을까 하는 생각이 어쩔 수 없이 자꾸만 드는 것이다. 그가 이 시집에서 보여준 많은 '잡것'들의 삶이 조금도 과장되지 않았다고 느껴지는 것, 또 그가 그들을 동정하거나 계도하지 않는 진실된 목소리라고 확신할 수 있는 것은 무엇보다 그가 이러한 사람들의 삶을 깊이 공감하고 있기 때문일 것이다.

4. '쪽'을 통해 본 세상

이 시집의 2, 3, 4부의 시들이 앞 시집 『세상의 붉은 것들은 모두 아프다』의 연장선상에 있다고 할 수 있다. 그러나 1부 '쪽의 얼굴들'에 실린 시들은 그의 시가 사회. 역사적 상상력으로까지 나아가고 있다는 점을 보여준다는 점에 주목할 필요가 있을 것 같다. 그는 이미 첫 시집 『세상의 붉은 것들은 모두 아프다』에서 '턱론', '질론' 연작을 통해, 또 시집 전체를 통해 세상을 다양하게 읽어내는 모습을 보여준 바 있다. 이번 시집의 1부에 실론 '쪽론' 연작도 '쪽'이라는 말의 다의성을 활용해 세상을 읽어내고 있다. 그러나 이번 시집에 이르러 정순옥 시인의 대사회. 역사적 발언을 한결 분명해지고 다각화되었다고 생각된다.

①

옛다 지발 이거라도 갖고 실컷 나갔다 오라 마, 허구헌 날 그 놈의 청소기에 설거지 좀 집어치고! 으이구 그 꼬락서니 하고는 사내 자슥이 그리 매가리가 없기는 지가 뭐가 못 나서, 못 배우기를 했어 못 생기기를 했어 집안이 못 나기를 했나 자슥 눔이 없기를 해, 뭐 그런다고 힘을 못 쓰기를 해 아이구 이눔아 이 줘일 눔아…

'사오정' 도 못 보고 '오륙도' 도 못 가보고 집안에 들어앉은 지 삼년 째 행여 밤길 무서울까 끝나는 시간에 데리러 갔다가 그 식당 옆엔 얼씬도 말라는 마누라의 쌩쌩 칼바람 칼바람소리에 김장 김치 갖고 올라온 어머니 눈 피해 청소기만 돌려대는 서른아홉 붉은 발치에

만 원짜리 지폐 두 장
무너지는 초록하늘이다

–「있기는 있는 거냐」 전문

②

한 몸이 되고 싶다
네가 먼저 주면 나도 다 준다니까 왜 그래

허리춤을 지나 벌써 지퍼에 가 닿는
저 우람한 손

아직 크기와 모양새를 알 수 없는
저 속의 물컹한 그것

섞어야돼말아야돼암,줄건주고받을건받아야지안그래,그럼언제어디서무엇을어떻게주고받지,어디끝내주는거없나단방에까무라쳐죽여주는거뭐없나,앞에서질러볼까뒤를내어줄까그러다안서면어쩌지뒤에서밀고오면어쩌지,낮은놈은올려놓고높은놈을깔아뭉개야해고민고민헉헉,헉헉대는사이

턱! 벌써 침대위에 올라온 군화발
한 · 미 F T A
밥상까지

어디 소리치고 밀쳐내 볼 새도 없이
뱅글뱅글 돌려서 침 질질 흘리고 있는
반쯤 내려간 바지춤 아래 거시기
저 거대한 U · S · A 소시지
레미콘

–「축! 레미콘주식회사」 전문

인용시 ①은 '쪽' 연작 2번인 「있기는 있는 거냐」고, ②는 '쪽' 연작은 아니지만 시집의 1부 '쪽의 얼굴들' 에 실려 있는 시다. ①에서는 '사오정, 오륙도' 라는 신조어를 낳은 우리나라의 사회 현상을, ②에서는 한. 미 FTA 문제를 다루고 있다. 인

용하지 않았지만 정순옥의 시에는 WTO라든가 광주민주화 항쟁을 소재로 한 시들도 있다. 그러나 그는 이러한 사회, 역사적 문제들을 이념적으로 가져가지는 않는다. 그가 거미의 눈으로 찬찬히 읽어내는 세상 속에 이러한 일들이 끼어있다고 보는 편이 옳다. 인용시 ①의 경우를 보자. 최근 몇 년 사이 우리 사회에는 심각한 고용불안이 있었고, 그것은 '사오정'(45세면 정년퇴직이라는 뜻의 '사오정', 56세에도 직장에 붙어있으면 도둑놈이라는 뜻의 '오륙도'란 말을 만들어 내게 했다. 그러나 이 시의 대상이 된 인물은 '사오정', '오륙도'도 못 보고 서른여섯에 일찌감치 집안에 들어앉게 된 남자이다. 이 남자의 문제를 시인은 사회적인 이슈로 삼기보다 아내와의 갈등, 어머니와의 갈등을 부각시켜 놓을 따름이다.

이번 시집에서는 한결 줄었지만 정순옥은 에로티시즘도 과감하게, 그리고 효율적으로 구사할 줄 아는 시인이다. 첫 시집의 「아닌 밤중 송곳이 그립다」의 "어디 갔나, 그 남자/확 뚫고 들어오는 힘에 눌려/아프단 소리 한번 못 지르고/눈물이슬로 떨게 하던/첫날밤 그 직진의 힘은" 같은 구절은 아슬아슬한 통쾌함이 있었다. 위의 시 「축! 레미콘주식회사」는 그런 에로티시즘을 한.미 FTA 문제에 활용한 경우다.

이렇게 이번 시집에 오면 그가 세상을 보는 눈이 한결 넓어져 있다고 생각된다. 세상의 잡것들, 떠도는 사람들을 찬찬히 훑는 한편, 보다 거시적인 관심에서 세상을 보게 된 것이다. 이것은 그의 시가 사회, 역사적 상상력을 포함하고 있다는 점에서 중요한 것이기 보다 그가 지녔던 세계를 확장하고 있다는 점에서 중요하다. 그리고 또 다음 장과 관련해서도 중요하다.

5. 지금은 갈참나무 숲으로 갈 참

가볍고 경쾌하게 써달라는 주문(?)을 받았었다. 가볍고 경쾌한 것은 나의 특기다. 무겁고 엄숙한 것을 견디지 못하기 때문에 절로 나는 그렇게 된다. 까짓 거. 가볍고 경쾌하게 쓰지 뭐. 그런데 그 까짓 거가 제대로 되질 않았다. 정순옥의 시집을 읽고 있으면 절로 생각이 많아지는 것이다. 그리고 무거워지는 것이다. 어둡다는 것이 시가 나쁘다는 말은 절대 아니다. 그리고 어두운 시에는 적당히 낭만적인 속성이 있어 그것이 시의 매력을 더할 수도 있을 것이다. 그러나 나는 그가 이 어두운 분위기를 바꾸고 싶어 한다고 생각한다. 그리고 이러한 점은 시를 통해서도 증명된다고 생각한다.

> 솔잎 뾰족한 내 사랑 거두어 어두워가는 그대 눈 틔울 수 있다면 구부정한 그대 등뼈 일으켜 세울 수 있다면, 직선으로만 내달리던 내 푸른 역사를 바꾸어 너른 잎새 손차양 넉넉한 갈참나무가 되리라, 네 하늘 숲속으로 기꺼이 가리라 수액 진한 갈참나무가 되어
>
> -「지금은 갈참나무 숲으로 갈 참이다」 전문

시집 전체의 어둡고 부정적인 세계인식에서 「지금은 갈참나

무 숲으로 갈 참이다」 같은 시는 시집의 색깔을 조금 밝혀주는 그런 시이다. 그는 지금 자신의 '직선으로만 내달리던 내 푸른 역사를 바꾸' 겠다고 하지 않는가. 그는 거미가 되는 대신 갈참나무가 되고자 하지 않는가. 더구나 그는 갈참나무가 되어 타인을 위해 봉사하고자 한다. 그대의 눈을 틔우고, 그대의 구부정한 등뼈를 일으켜 세우려고 하는 것이다. 이것은 그가 비극적이고 부정적인 세계 인식에서 벗어나고 있다는 증거라고 할 수 있을 것이다. 세상을 따뜻하게 보기 시작할 때, 가난의 풍경조차 꽃 피는 모습으로 피어나는 것이다.

1.
긍게, 시방 고 연탄 트럭을 찾은 겨?
그래서 오늘은 여그가 팍 쏴 부리는 겨?
아따, 고 괴기 맛 한번 징허게 맛있구만

저놈의 인간, 온다 간다 소식도 없다가 잊어 뿔 만 허니께 나타나더니, 엊저녁에는 저 혼자 헉헉대다 만 주제에, 아이구! 고 알량한 고물 트럭 되찾았다고 뭔 놈의 객기는 객기여,

여직 이놈의 방까지도 못 넘어오고 문지방에서만 자올거리고 있는 저놈의 햇빛, 저 햇빛놈을 팍 잡아끌어다 허물어진 축대 등짐 지고 있는 저 방, 웬수 같은 저 방에 흐드러지게 핀 곰팡꽃 위로나 확 쏴 볼 것이지…

아, 장로님도 한 잔 허실라요? 좋은 일잉게 하나님도 용서해

주시것지라우, 아따 이 사람아, 장로님이 술을 마셔부면 안 되제. 안 그라요? 장로님?

분위기 모른 허장로님
슬금슬금 뒷짐 지고 올라와
저만치 앉으며 김씨 마누라에게 찡긋 한다
뭐라 말 못 하고 어정쩡 웃어 보이는 그녀 뒤에서
주머니 속 비아그라 만지작거리며 저 혼자 비지땀을 흘리고 있다

2.

인제, 우리는 은행도 갈 일이 없겄어, 아, 어저께 전기세 8,800원 좀 낼라고 허니께, 아 창구에서는 안 받는다고 허드만, 자동이체를 하라나 뭐라나, 자동차 잘 굴리고 다니는 지들이나 자동으로 허는 것 좋아허제, 우리사 자동찬가 자동이첸가 그것이 뭣이당가

시키고 또 시키고
빈 막걸리 병 툭툭 넘어져 자진할 때
연탄 화덕에 불꽃 환히 피어오르고
오메 징헌 것! 자리 확 털고 일어서는 김씨 마누라 발길질에
누런 루드베키아 꽃 모가지 휙 문드러지고
총총 밤하늘별은
늦보리 밭 깜부기 꽃으로 그냥 쏟아져 내리고

–「꽃 피는 언덕」 전문

시의 제목부터 읽어두자. 꽃 피는 언덕, 꽃 피는 언덕이다. 그러나 이 꽃은 양지에서 피어나는 색깔조차 화려한 꽃이 아니라 가난의 언덕에서 피어나는 꽃이다. 이 시 속의 인물들은 고물 트럭을 모는 사람이며, 허물어진 축대를 등짐 진 채 곰팡내를 피우는 방에서 사는 사람이다. 그리고 또 은행 자동이체가 무엇인지도 모르고 살아가는 사람이다. 그러나 이 시 속에서 이들의 삶은 비극적으로 그려지기보다 따뜻하게 그려져 있다. 그런 사람들에게도 동네 사람들을 불러 모아 고기에 막걸리 잔치를 벌이는 그런 날이 있는 것이다. 주머니 속에 든 비아그라를 만지작거리는 희망의 날이 있는 것이다. 어쩌면 이 시는 이렇게 말하고 있는 것도 같다. 행복이 뭐 별거냐고. 가난하고 어렵지만 이렇게 오순도순 살아가노라면 꽃 피는 날도 오는 것이 아니겠냐고.

삶이 시를 끌고 가기도 하지만 때로는 시가 삶을 끌고 가기도 하는 것이 아닐까? 그러므로 시가 긍정적이 된다는 것은 삶이 긍정적이 된다는 의미도 될 수 있지 않을까? 나는 그가 어둠의 세계에 충분히 눌러 있었다고 생각한다. 따라서 이제 빛 밝은 곳으로 나와서 맘껏 태양을 노래해도 좋겠다고 생각한다. 정순옥의 시를 읽으면서 새삼 밝고 따스한 시가 더 사람들을 위로 하겠구나 깨닫게 되었기 때문이다. 그리고 그의 시를 아끼기 이전에 그의 인간을 먼저 아끼기 되었기 때문이기도 하다. 그가 세상 구석진 곳을 찬찬히 훑어보던 눈을 들어 세상을 더 넓게 보리라는 것을, 그리고 세상을 보다 따뜻하게 보리라는 것을 믿는다.

문학의전당 · 시인선 61
뒤꿈치 자서전

초판인쇄 2008년 12월 10일
초판발행 2008년 12월 15일

지 은 이 정순옥
펴 낸 이 김충규
펴 낸 곳 문학의전당
출판등록 제387-2003-00048호(2003년 9월 8일)

주 소 121-718 서울특별시 마포구 공덕2동 404번지 풍림VIP텔빌딩 202호
전화번호 02-852-1977
팩시밀리 02-852-1978
블 로 그 http://blog.naver.com/mhjd2003
전자우편 mhjd2003@naver.com

I S B N 978-89-93481-07-5 03810

*이 책은 부천시 문화예술 발전기금의 지원을 받아 제작되었습니다.